早期教育
体能训练

冯　君◎编著

ZAOQIJIAOYU
TINENG
XUNLIAN

黑龙江教育出版社

图书在版编目（CIP）数据

早期教育体能训练 / 冯君编著. -- 哈尔滨 ： 黑龙
江教育出版社，2018. 10
ISBN 978-7-5709-0420-4

Ⅰ. ①早… Ⅱ. ①冯… Ⅲ. ①学前儿童－体能－身体
训练－研究 Ⅳ. ①G613.7

中国版本图书馆CIP数据核字(2018)第254258号

早期教育体能训练
ZAOQI JIAOYU TINENG XUNLIAN

冯君 编著

责任编辑	徐永进
封面设计	朱美杰
责任校对	张铁男
出版发行	黑龙江教育出版社
地　址	哈尔滨市道里区群力第六大道1305号
印　刷	黑龙江华文时代数媒科技有限公司
开　本	880毫米×1230毫米　1/32
印　张	7.75
字　数	200千
版　次	2019年10月第1版
印　次	2019年10月第1次印刷
书　号	ISBN 978-7-5709-0420-4　　定　价　30.00元

黑龙江教育出版社网址：www.hljep.com.cn
如需订购图书，请与我社发行中心联系。联系电话：0451-82533097　82534665
如有印装质量问题，影响阅读，请与我公司联系调换。联系电话：0451-87619957
如发现盗版图书，请向我社举报。举报电话：0451-82533087

大脑潜能发展概述表

制表：学前教育研培中心

顺序	发展阶段	年龄段	视觉	听觉	触觉	肢体动作	语言能力	手灵活度
VII	脑皮质发展复杂期（晚期）	优秀36个月 正常72个月 迟缓144个月	可以简单阅读儿童读物	可以听懂大部分对话		受脑半球发育快慢的影响，双脚其中一侧比较灵活，有技巧动作	具有较好运用文字量能力，说出字的……	能用较灵活的手（大脑分是右手）写字
VI	脑皮质发展基础期（中期）	优秀18个月 正常36个月 迟缓72个月	通过训练和学习可以认出大部分视觉符号，学习写字	能听懂200左右物体名称	能用手触摸描述物体形状	双脚自然交叉型式行走或跑步	运用文字量增至2000个左右	可以用两手同时动作，而中一手表现较灵活
V	脑皮质发展（早期）	优秀9个月 正常18个月 迟缓36个月	可分辨相似但不相同的物体，可以认出简单的物体符号	能听懂简单的字音节	能分辨类似物体的形状	两臂伸展与肩同高，身体能保持平衡，双手自然下垂	可以说出一定数量的单字	两手能合作完成某一动作（如拍手等）
IV	脑皮质发展（初期）	优秀6个月 正常12个月 迟缓24个月	双眼可对焦看出立体空间	能听懂简单的字音节	通过抚摸物品的各平面能勾划出其物体的形状	两脚交叉型式习匀直立行走	能较正确地使用一些简单的单字	双手的皮质对照
III	中脑	优秀3.5个月 正常7个月 迟缓14个月	看清物体的初步结构	能感受听出声调语意	可分辨极度刺激的感觉，如凉和热……	以交叉型式手和膝盖着地爬行	能发出有意识的声音，并有意识表现	能紧握想抓的东西
II	桥脑	优秀1个月 正常2.5个月 迟缓5个月	能辨识物体轮廓	能对威胁性的发音有反映	可分辨极度刺激的感觉，如冰和烫	能以交叉型式学爬行	能因痛楚需求或不舒服而大哭	能抓握，能放手
I	延脑	优秀出生至5天大 正常出生至1个月 迟缓出生至2个月	光线反射性动作反射	有倾听反射性反射		巴彬斯基反射 巴彬期基反射	无意识的哭	无意识抓握

前　言

一个世纪以来,脑神经的教育……认为大脑是在童年时期形成的,并且以后不再发生改变。但是,脑科学研究近代历程迫使我们抛弃了这一假说,因为它已经掉入数不清的其他科学"假说"的垃圾堆。大脑研究表明;婴儿从呱呱落地降临人世,到之后二三年间的成长,其体能和智力发展可谓一日千里,快得几乎超人想象。在这个时期,父母给予任何早期教育,对大脑来说就像一剂神奇的天然良药,都足以影响孩子的一生。其中,母亲的教育更是且深且巨。

美国著名儿童教育专家卡尔·毕贴博士曾说过一句至理名言:如果上天赠予 10 个稚嫩可爱的小孩,我将把他们培养成为举世闻名的大政治家、大实业家、大学者、大外交家……让他们在各自喜爱的领域,成为举足轻重,叱咤风云的人物。但这有一个不可或缺的条件,即孩子必须是刚出生不久的婴儿,而且越小越理想。卡尔·毕贴博士确实创造了不可思议的神话—他教养的几个儿童,都成为名闻遐迩的顶尖人物。这一生动事例表明:在幼儿发展最佳期,大脑由于受到更加有利条件的体能训练刺激而获得益处,大脑的创造性才能将会发展不可想象的程度。早期教育将决定孩子一生幸福。

令人折服的乐观的证据:体能训练能够促进更加健康的大脑。训练(游戏)能调动孩子所有感官,使它们能够全身心地投入其中。从感官到认识、从体能到智力、从言语表达到情感交流都会得到全方位的发展,这对逐步塑造孩子的性格与品德,意志与才能具有重要意义。

本书是一本以科学为视角,把脑科学理论与早教体能训练实践相结合的具有独特性的教科书。作者基于多年早期教育体能训练成功实践和国内外大量的研究成果,紧紧围绕早期幼儿体能形成、发育特点、训练、发展与大脑功能内在关系及其相互作用,深入实践探索,研究了大脑结构及功能,大脑不同发展阶段最佳发育期,0到6岁幼儿不同阶段生长特征,如何实施体能训练和科学开发大脑的步骤,手段和方法等问题。婴幼儿将通过活泼的、自由的、有趣的、丰富多彩的各种动作训练,激发各方面潜能,促进身体各器官协调发展,提高认识世界的兴趣,培养积极向上、自我约束、学会模仿、学会理解、学会忍耐、学会关爱的人格品质,磨炼个人气质和内心世界。让我们的孩子能在体能训练中领悟生存智慧,以应对未来生活的各种机遇和挑战。

在本书构思撰写和实践总结过程中,得到美国早期教育研究中心、德国人类潜能发展研究促进会、中国教育科学研究院、北京师范大学、华东师范大学、哈尔滨师范大学、辽宁省教育学院、吉林省教育学院、省教育科学研究院等专家、学者、教授的诚恳建议和指导;哈尔滨市、齐齐哈尔市、牡丹江市、佳木斯市、大庆市、绥化市等一线幼儿园园长和幼儿教师的大力支持和帮助,在此表示衷心感谢! 同时,本书还借鉴参考国内外众多颇有价值的研究成果,使本书在理论与实践结合上做了新的探索和创新。黑龙江教育出版社为本书出版给予友情支持并付出了辛勤的劳动,对此,一并致以深深谢意!

早期教育研究永无止境。本书将脑科学研究成果作为早期教育体能训练理论基础还只能是一种新探索,并试图把对孩子们的体能训练融入多彩地现实生活之中。但由于人类至今对大脑功能的研究尚存许多"沉默领域",难免在对人的体能与大脑开发的认知存在疏漏,甚至偏误。希望专家、学者和同仁不吝指教。

冯 君

2019 年 3 月于哈尔滨

目　录

第一篇　早教体能训练——背景

第二篇 早教体能智慧——训练

第三篇　早教体能训练——附录

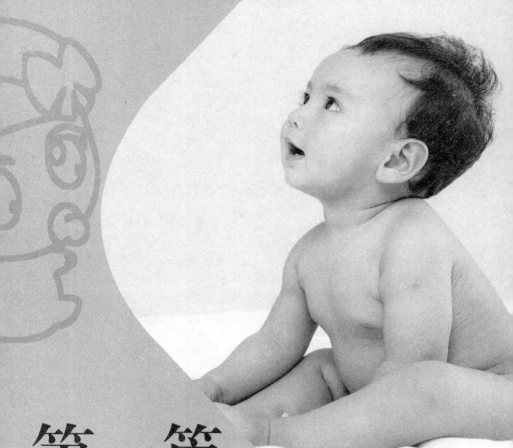

第一篇
早教体能训练
——背景

第一章　早教体能训练理论基础

一、脑科学的兴起

17世纪以来科学家对人体最复杂的器官(人类大脑)的功能进行研究产生了影响儿童发展、教育、医疗和许多对健康、发展及儿童福祉有关的学科革命性的观念。这些发现令人不可抗拒、意义深远,各年龄阶段、各种信仰的人都将受到影响,因此从事儿童相关工作的人都需要了解大脑。尽管人们对脑科学的理解不断变化着,但是已经有足够的研究成果证据能够证明脑科学的研究将成为为各年龄段的幼儿制定教育政策最具影响力的基础:

——早在17世纪50年代英国生物科学家凯迪通过解剖发现脊椎动物的脑组织中都有沟,将脑分为左右两半球,高级动物的大脑分的更为明显。之后,法国解剖学家维达达居尔通过解剖画出了人脑的轮廓,证实人的大脑也是分为左右两个半球,两半球之间由胼胝体相连,它是一座互通信息的桥梁。

——1870年英国生物学家弗里奇和希齐格将人脑头盖骨打开,发现其中有两个类似碗状的东西,这就是左右脑,其表面被大脑皮质所覆盖。研究结果表明,不同部位的大脑皮质发挥的作用也各不相同。

——1876年意大利神经学家弗里尔出版了一本解说大脑的著作——《大脑的功能》。根据实验结果证实,人的大脑和身

3

体部位确实存在一定的对应关系。于是,研究大脑机能的学问——大脑生理学由此诞生,相关的学术探讨和研究一直延续至今。

——1909 年加拿大解剖学家布罗德曼对大脑解剖研究取得进展。他按照形态特征将人的大脑皮质依次分为 52 区,并绘制出相应的结构图。人的大脑大致可分为五个区域,即额叶、顶叶、枕叶、颞叶和岛叶。其中的额叶在人进行思考、或者随意性运动时起着至关重要的作用。

——1918 年法国医学家布洛卡对人脑进行解剖,发现两个半球功能不同。左侧脑半球负责语言,称为"语言脑"。右侧脑半球称"沉默脑"。

——1981 年美国电子工学发明家托马斯·R 布莱克斯理出版一本名为《大脑革命》,提出了著名的"右脑功能说",指出人的左脑和右脑具有不同的功能。左脑是意识脑、语言脑,主管语言、数学、逻辑之类的抽象思维;右脑是无意识脑、图像脑,主管音乐、美术、空间知觉等形象思维,大脑两半球之间的胼胝体相互沟通。书中还指出:此前的学校教育只开发了大脑的一个半球,即左脑,而另一半则处于闲置状态,实际上人类的大脑还可以达到更高的水平。如果长期忽视大脑右半球——右脑的能力,最终将导致它被废弃。

20 世纪 60 年代以来,借助于高科技的大脑成像技术,世界各国的神经科学家们理解经验在人的发展中的作用方面取得了前所未有的进展。早在 1996 年,美国就有三千多名拥有超过 10 亿美元研究资源的脑科学研究者,同时,日本也起草了一项计划,打算在未来的 20 年时间里脑科学研究领域投资 180 亿美元,并投入 10 亿美元建立国内最先进的结构生物学核磁共振中心。由于对神经科学前所未有的关注,20世纪90年代又被称为"大脑的时代",21世纪前十年见证了大脑研究的快速发展,20世纪90年代开始关注右脑的未知能力,人类对右脑的探索正在聚焦深水区,唤醒大脑的"沉默领域"。

美国全脑协会在研究中认为,人的右脑有它的自身特点。右脑型人富有想象力和创造精神,他能以崭新的思维来应对风云变幻和激烈竞争的复杂局面。

日本医学博士品川嘉说,如果把左右脑比喻为一个人,那么左脑就是循规蹈矩,按部就班,缺乏情趣的人;而右脑则是洋溢着创新精神,具有意外性,充满活力类型的人。

加拿大生理学家斯佩里认为,人的右脑具有创造性思维的特点,它能进行跳跃式猜测,超越现实,预测未来。在未来的智能化社会里,人脑的智力开发将得到极大的发展,右脑半球的非逻辑性思维,将发挥越来越大的作用,科学性与狂想性的结合,以非逻辑的大跨度性、灵活性、反常规的逻辑性,能使科学发现、科学发明、在直觉和灵感中诞生。这种思维方式是优于逻辑思维计算机所不能代替的。

近年来,众多科学家在对右脑的探求中还指出,右脑中还存在一个"沉默领域",至今无法清楚地用科学的方法解释该领域的具体作用,而这个"沉默领域"就是我们右脑的额叶,它是右脑神秘能力的基础。科学正在逐步地为我们揭开大脑的秘密。脑波测定仪的应用让我们可以清楚地观察到,当人们在想问题或在内心描绘某种意象时,额叶会十分活跃。

脑科学重大研究成果告诉我们:

脑科学的研究几十年来一直是那些优质的早期儿童教育计划实施所依据的理论基础。研究大脑在儿童发展中的作用在

20世纪60年代取得了相当大的进展。通过对动物和人类的研究,许多专业人士都认为婴儿期和早期儿童阶段是大脑发展的最佳时期,大脑在这两个时期是最具可塑性的,并受到环境刺激的高度影响。从出生起就被孤立饲养的动物(狗)没有能力避免伤害,也不能很好地执行问题解决的任务。同样,在只有最低持续刺激水平的孤儿院抚养长大的儿童遭遇了情感剥夺,他们到了青春期会出现冷漠的、不成熟的行为,而那些遭受严重剥夺的儿童甚至到了2~4岁还不能独立地坐或行走。

J·麦克维克·亨特早在他1961年的经典著作《智力与经验》中,收集了广泛的证据并得到结论认为,固定不变的智力概念是不成立的,他认为智力是一种问题解决能力,建立在大脑的符号表征和信息处理策略的层级组织之上,它在很大程度上源自过去的经验。他相信,有环境的刺激和缺乏环境的刺激所导致的儿童智商的差距可能高达20~40。

20世纪60年代及更早以前所做的研究确认了儿童出生后的最初几年的确是干预的最佳时间,这些研究也支持了大脑和认知发展具有可塑性的观点,否定了大脑和认知发展是固定不变的看法。伟大的心理学家,威廉·詹姆斯于1890年引进了"可塑性"的概念,认为"脑器官"(大脑结构)似乎天生具有超强程度的可塑性(通过经验能够具有延展性或者可以改变)。后来,观察研究充分影响了美国发起的许多幼儿干预计划的发展,如开端计划和高瞻计划。两个持续性的教育计划都说明早期干预对学业成功的效果。

在21世纪初,脑科学家已经一致认为可塑性实际上是所有大脑系统的特点,包括语言、听力、视力和注意力,它们都是通过经验形成的。上述有些能力的可塑性是终身具备的,有些则只

6

在生命的某些特定阶段存在。可塑性的幼儿时期的特点,但是现在研究显示如果某种能力只是相对缺失,它能够延长至儿童期过后很长时间。

儿童出生时的神经元就比成人多,因为神经突触的密度在使用的区域增加(音乐、体育、外语),在未被使用的区域被修剪。关键的步骤在于使用它还是失去它,但是新的经验能够使减退的能力逐步更新。神经的形成或者突触的产生对大脑来说是一个普通的过程,但是突触太多或者太少表示不同的综合征,包括自闭症。随着有关变化着的大脑中知识的更新与凝练,教育者们能够更好地为满足个人需要和学生的挑战而开发项目,获得经验。有一个重要的钥匙似乎能够为每一个学习者在现有的兴趣和能力方面提供许多丰富的经验。几乎毫无争论,自由的、自发的无组织的训练是一个健康的童年和成年时期的能力发展的基础。了解可塑性的时机,考虑个体差异似乎是教育中的重要因素。

婴儿大脑的可塑性特征(婴儿可塑性)并非在所有的情况下都是一个优点。1974 年,智力障碍总统委员会在北卡罗来纳州立大学教堂山分校主办了全美高危婴幼儿早期干预会议。在会上,早期的可塑性理论得到了实在的证据的证明,对婴儿大脑哪怕是很小的损害也会导致整个大脑半球的容量减少 30% 以上,但类似的损害如果发生在成人身上,脑容量只会减少 20% ~30% 。

阿尔伯特·爱因斯坦医学院的医生在北卡罗来纳会议上提出证据证明存在刺激过多或刺激过少的情况。利普顿认为,没有刺激就没有神经系统结构和过程的精细化,而"强推着"大脑走向成熟(过度刺激)则会导致过度发展和未来的行为缺陷;换句话说,不管是刺激不足还是过度刺激都可能会对儿童造成伤害。然而,对健康发展有益的正常刺激范围是广阔的。研究者们正在使用能够提供可见的、具体的、量化证据的大脑成像技术批判性地检验上面这些研究结论的意义,因为,这种技术同早期的证据相比更清楚,也更令人信服。

脑科学家表示了许多与这个方面有关的原理。第一,图式的形成取决于使用连续行动的机会;第二,通过使用和刺激,图式得到连续的发展;第三,儿童的顺应取决于现有的心智结构和遇到的物体、事件之间匹配的和适度;第四,儿童调整他的行为结构去适应的情况越多,他就变得越有辨识力,他的智力发展速度也就越快;第五,发展的速度似乎源自婴儿期和幼儿期接受的刺激的多样性程度。

脑科学家研究结论认为,大脑的功能建立在 140 万亿脑细胞(即神经元)以及上万亿的连接(即突触)活动的基础上,它们可以传递(接受或发送)电化学信号(信息)。2 岁之前,孩子能得到什么信息要看信息刺激的程度与信息反复的频率。因为出生时,数亿细胞都未被激活,仿佛一群待命的士兵。当信息刺激的时候,一部分细胞被激活,出现协同反映。8～12 个细胞组成一个神经反射丛(犹如战斗小组),相同刺激的多次重复会固化神经丛功能,以后终身就负责这个信息。复杂的信息会由多个神经丛协同作战,直到完全把外部信息转化为神经信号(电脉冲)供大脑皮层感知。若一种信息在生命发展中废了,相关的细胞丛便停止工作,不再新陈代谢,成为大脑静止状态。出现这种情况的根本原因是缺乏足够的刺激或者不刺激造成的。所以,儿童期,特别是 3 岁之前,需要尽可能多地唤醒这些正在待命状态的细胞,以扩大对外界的知觉能力。年幼经历过的信息与场景,即便意识与记忆没有了,但那些熟悉感是永远存在的。并且,有一天那些废旧的信息突然变得重要,重新把握就比较快。

二、大脑构造及其功能

脑神经元。大脑构造主要由神经细胞组成。神经细胞或称脑神经元,负责传递信息;而大量的胶原神经细胞则负责支撑功能。神经元接受来自身体的各种传感信息,不仅包括视觉、嗅觉、触觉、听觉和味觉,还包括平衡、疼痛、运动、湿度等其他信息。通过复杂的脑神经网络中成千上万的神经元之间的交通沟通,我们从呼吸到有意识思维等各项身体功能才得以实现。

20世纪中叶,科学家还错误地认为,人类拥有比低等生物更具超能量的细胞。事实上,一个海参的大脑细胞的工作原理与人类的细胞不仅没有什么本质区别,而且惊人地相似。通过研究海参,我们已经了解很多人类大脑的工作原理。我们已经知道,大脑细胞的数量是我们与其他简单动物的主要区别,人类脑细胞的数量大概是海参的1 000万倍。一个孕妇怀孕的胎儿脑细胞在出生之前,每分钟大概可增加2 500万个神经元和突触。虽然有些神经元在人的成长过程中被淘汰了,但是,到了成年人仍然有大约1 000亿个神经元。

"突触"。"突触"是指在人的大脑皮层中存在的细胞上布满了名为"树状突细胞"小凸点,并由此连接着其他的神经细胞,这种神经细胞的连接叫"突触。"当人有新的体验时,有关信息就会被传送到大脑,从而形成"突触"。体验越多,形成的"突触"就越多。也就是说,使用大脑细胞的次数越多,所形成的"突触"的数量也就越多。当这些"突触"的连接不断趋于密集时,说明此时的大脑正处于一种活跃状态。从正常情况讲,婴儿出生之前,神经细胞的"突触"在 6 ~ 7 个月左右便已初步形成,出生之后,数量继续增加,联系也会得到加强。但神经元的数量却保持稳定,PET 扫描的结果显示,正常的早期发展是非常迅猛的,与新生儿相比,一个 1 岁孩子的大脑更像成人的大脑。到 2 岁,突触的数量达到成人的水平。突触的形成在婴儿 3 岁左右达到高峰,在大脑中已经有了大约 1 兆(1 000 万亿)的突触,这个数量是成人大脑中突触数量的 2 倍,其活跃程度也是成人的 2.5 倍。在出生后的 10 年里,突触的密度一直处于饱和状态。突触的形成在婴儿 3 岁左右达到高峰,达到顶点的整个过程,便是突触的"过剩形成期"。如婴儿视觉在出生 8 个月时达到顶点;婴儿听觉突触形成的密度高峰出现在 3.3 岁左右。这个时期是孩子一生中最重要的时期。到了青春期,会有大约一半的大脑突触消失。因此说,从婴儿出生那一刻起,我们就需要给他各种刺激。

突触的消失过程伴随人的一生,这是一个加工或者修剪的过程,在这个过程中,那些经常不用的突触消失了,而那些每日生活中都要使用的突触则保留了下来。儿童的早期经验在决定大脑的神经网。连接上发挥着重要的作用。还有一种假设认为儿童的早期经验对儿童的智力能力的范围和质量起着关键作用。随着儿童的成长,一个复杂的突触系统或神经通路就形成了,反复激活或经常使用的神经通路可以一直保留到成年。

大脑皮层。大脑皮层是大脑的外层,占大脑重量的 2/3 以上。

大脑皮层使人类拥有意识直觉、推理能力、交际能力和创造力。大脑皮层之下是小脑和发育较早的其他结构。这些结构掌控着较原始的人体反应,比如对危险的直接反应。由于这些反应有时对于我们的生存至关重要,因此比其他反应要快得多。但不幸的是,这些快速反应在今天并不总是经常使用。比如,看到一辆车向你驶来而产生害怕的感觉是没有意义的。

大脑皮层分为两个半球,即左脑和右脑,它们通过大量的"突触"链接起来。一般来说,左脑负责具体的身体活动,右脑处理宽泛的概念。一种流行的观点认为,任何一个人的思维模式要么是左脑型的,要么是右脑型的。其实,这种看法过于简单化了。事实上,人的左右两个大脑半球是协同行动的,也就是说,在任何时间,左右两个脑半球都是同时发挥作用的。正是由于这个原因,各种各样的智力活动可以最大限度地锻炼我们的大脑。研究结果表明:大脑皮质越厚越发达。一般情况,孩子大脑皮质厚度会在 12 岁左右达到顶峰。也就是说孩子的大脑的作用已经等同于一个成年人。因此,我们必须尽可能多地在 12 岁之前使用大脑。

大脑区域。大脑皮层还可以进一步划分为五个较小的区域。

即额叶、枕叶、顶叶、颞叶和岛叶。每个脑叶都包含某些主要的技能区,用于完成特殊的任务,但这些技能都是具体的。例如,额叶在人进行思考、判断或随意性运动时起着至关重要的作用。由于大脑内部关系复杂,这种作用必须借助于视觉、听觉、记忆、理解和逻辑思考等才能完成。又如,并不是所有的视觉思维都产生于视觉皮层所在的枕叶脑。枕叶脑这一区域首先要处理从眼睛获取的信息,但这并不意味着我们有意识的想象形状时就仅仅使用这一个功能区。同样,虽然海马状突触与记忆是紧密联系在一起的,但大量的记忆其实与整个大脑都有关系。

更为重要的是,人的有意识的思维涉及整个大脑,需要把大脑从各个区域获取的信息都结合起来才能进行具体的思考或行动。

所以说,开发大脑一个方面的功能会有助于其他区域功能的实现。大脑中的一切都是互相联系的,铺设新思维通道能加快整体思维速度,这不仅能够强化某种单一功能,而且能够更好地实现全部功能。

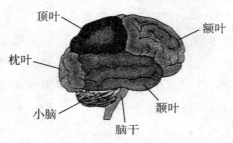

图 1-1 大脑的结构

额叶

·情感

·表达语言

·组织词汇

·习惯和动作的记忆

·解决问题

·推理

顶叶

·不同感觉的整合

·视觉专注区

·触觉区

·操作物体

枕叶

视觉

小脑

·平衡和平静

·某些反射运动行为的记忆

脑干

·管理身体的功能(例如呼吸、心率、吞咽)

·视觉和听觉反射(如惊吓反射)

·控制自主神经系统(如出小汗、血压、消化、体温)

·影响警觉的程度

颞叶

·听觉

·说话

·获得记忆

·物品分类

■大脑半球外侧

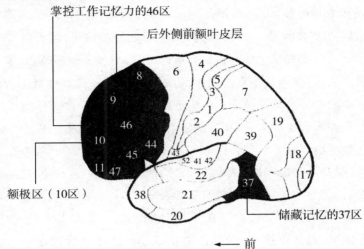

掌控工作记忆力的46区

后外侧前额叶皮层

额极区（10区）

储藏记忆的37区

← 前

■大脑半球内侧

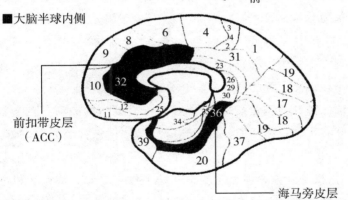

前扣带皮层
（ACC）

海马旁皮层

图1-2　布罗德曼的大脑构造图

三、早期大脑智能训练

训练"脑内麻药"多巴胺，培养孩子积极向上的良好行为。

实验结果表明,"脑内麻药"多巴胺是大脑中的一种物质,(别名叫 A10 神经核)。当孩子受到父母表扬和赞美的时候,腹侧被盖区 A10 神经核开始运动,多巴胺随之分泌而出,这种状态对孩子大脑发育是十分有益的。所以,父母对孩子要多鼓励,多称赞多表扬,促进孩子良性循环,达成小目标——得到称赞——分泌多巴胺——培养孩子积极向上的品格。

训练大脑"NO – GO"系统,培养孩子自我约束的能力。人的额叶前区除了可以使人作出"喜爱积极正确行为"的判断之外,同时还具备"抑制人的行为"功能。如对孩子"不能按时起床"这件事来说,父母不能只训斥孩子"不按时起床就不允许吃早餐",而当孩子"按时起床"表现好的时候,应该用"今天按时起床了,真是好孩子"的话语表扬孩子。得到表扬的孩子就会继续努力。再如过路时常遇到"红灯"停下脚步,这就是"NO – GO"系统在发挥作用。我们要对孩子"红灯"停的行为给予夸奖。现实生活中,我们需要制止孩子的事情数不胜数。一定要让孩子在反复训练的过程中学会约束自己的行为!

训练镜像神经元系统,培养孩子学会模仿的能力。在大脑的额叶右区和右顶叶中,存在着一种名为"镜像神经元"的神经细胞,它是学会模仿的指挥部。如当孩子在幼儿园看到老师教舞蹈时,孩子的镜像神经元就会开始工作。就像一部照相机把老师跳舞的动作全部拍下来,之后孩子就明白自己如何去模仿。因此,对于良好的行为,我们一定要让孩子多加模仿,刺激他们的额叶前区不断发育。

训练镜像神经元系统,培养孩子学会理解。训练孩子镜像神经元系统功能,最重要的是要教会孩子如何"正视对方"。比如,父母可以从小教孩子一定要看着对方的眼睛说话。特别是在幼儿期,父母可以跟孩子一起做一些凝视对方表情的游戏,如"做鬼脸"、"看西游记"电视剧,训练看对方不断变化的表情。交流时,父母要尽可能地蹲下来,正视孩子的眼睛,要让他看到父母的表情,这样做不仅可以表达父母的意图,同时也是对大脑的一种训练。

训练前带皮质,培养孩子通过挫折提高行为能力。在大脑左右两半截面脑梁叶上,覆盖一种物质叫带状皮质。而它的前方就是 ACC,被称为新型大脑。当我们出现错误或遭遇到挫折时,ACC——前带状皮质开始运行,于是孩子的行为能力就会因此得到提高。因此,要让孩子在小的时候多些挫折的经历,他们所经历的那些挫折将会长期记忆被保存在大脑后方储存记忆的部位,等遇到需要解决问题时,这些记忆就发出警告信息,可以减少或制止类似过去挫折重复发生。有研究报告证实,频繁训练额叶前区还会提高 ACC 的工作效率,如慢跑就是一个很有效的方法。通过阅读漫画等方式反复锻炼孩子的理解能力,这对 ACC 功能提高有很大的帮助。

训练"工作记忆系统",促进孩子记忆力不断增强。在大脑额叶前区有一个名为"工作记忆系统",它具有非凡的记忆力功能。人的记忆分为视觉记忆和听觉记忆。经常有意识的使用各种方法,如日常生活中约定、乘车路线途经地、带孩子慢跑等都可以刺激海马齿状回细胞增加,锻炼孩子的工作记忆。

作为父母,早期教育是孩子一生中最重要的阶段。把握大脑发育"关键期",实施科学的、反复的大脑智能训练,有利于培养孩子良好注意力、记忆力、自我判断力和丰富创造力的养成。意大利科学家斯利达尔告诉我们,人一定要在一生中不断地训练自己的大脑。早教训练大脑将给孩子带来终生幸福。

四、大脑开发与幼儿发展

(一)脑科学与语言发展

语言学习早在婴儿能够说出最早的一些词语之前就开始了,婴儿在 6 个月大的时候就形成了"语言磁石",这使得婴儿的耳朵适应母语的发音;他们已经学到了母语的基本语音内容;在 11 个月大的时候,婴儿失去了辨认不经常出现的语音的能力。

越来越多的证据表明,语言应该在幼儿园或者在孩子们入小学前在家里进行学习。儿童词汇量的发展与亲子间的交谈密切相关。通过相互交谈(父母说话、婴儿倾听和做出初步的反映),家长可以强化对语言发展非常关键的神经通路。

在 1997 年关于儿童早期发展的白宫会议上,有些与会的研究人员就指出婴儿每天能听到的单词的数量是唯一能够预测其日后智力发展、学业成功和社会能力发展的最重要的因素。然而,大脑研究早期的一些研究结果认为,大脑发育要么刺激过度,要么刺激太少。也就是说,仅仅用信息区填充儿童的大脑,给儿童安排过多的活动都会导致过度刺激。一个关爱儿童的成人提供的温暖、有情感的环境中的生动语言,而不是无休止的、盲目的电视节目、电视游戏,或是为了在高风险测试中取得好成绩而进行的训练会促进语言的发展。在有情感的环境中接受信息比单接受信息更能刺激神经系统的发育,甚至语调的变化也很重要。在食物和身体的需要得到满足的情况下,也许积极的社会参与就是最强烈的积极情绪了。因此,儿童理想的生长环境包括爬行、抓握、攀缘打斗游戏、追逐游戏、假象游戏等,用水、土和其他训练器材进行的创造活动。

语言的出现早于训练活动。大量的历史研究和广泛的研究项目表明,一个完整的儿童教育项目强调通过训练进行主动学习,强调通过物品刺激语言发展和其他形式的发展。儿童既受益于自由或者没有组织的训练,也受益于有指导的或者有组织的训练,但是训练中成人与儿童之间的互动应该敏感地关照儿童的个体需要。

(二)脑科学与社会性发展

在高科技的大脑成像研究出现之前,维果茨基就强调幼儿与成人和其他较大儿童之间进行社会交往的重要性。他提出,训练及其导致的较高水平的心智功能是通过幼儿与照看者的交往和幼儿与较大儿童的社会交往得到发展的。与他人的交流或社会交往对于健康发展极为重要。在儿童期预测其成人后适应与否的唯一的最好的指标不是智商、不是学业成绩,也不是课堂行为,而是有充足的与其他儿童进行交往的机会。儿童和动物通过社会化来学习社会性技能。动物们学习解释其他动物的信号和行为并对此作出正确的反应,通过训练过程中的协商,它们发展了心智和情感的能力,也学会了合作和领导技能。儿童的想象训练或假想游戏是促进社会化的强大的媒介,使得儿童能够将一个错综复杂的世界简单化,并使那些复杂的、可怕的事件变得容易处理和理解;它还有助于儿童发展合作、分享、协商、问题解决的能力,帮助儿童与这个日益复杂的世界和谐共处。

(三)脑科学与情感发展

新的大脑成像技术在人类历史上第一次使得大脑这个原先总是深不可测的源头变得可见了;当我们思考、感受、想象和做梦时,这些错综复杂、数量庞大的细胞(脑)到底是怎运行的……这些大量的神经生物学数据让我们理解了……大脑是情感的中心。科学家们现在提出了一个惊人的假设——我们的思维、感知、快乐和痛苦都是由大脑组织中的生理活动构成的。父母和教育者需要了解情感智力或者课程隐藏在表面之下，这些情感值得关注。从轻微的焦虑变得压抑会产生行为问题，对于日后学习很不利。

大脑中控制情绪的基本连接在儿童出生之前就开始发展了。出生之后，父母通过拥抱和支持性话语来再现孩子当时的情感——如孩子高兴的尖叫声，这样父母就在儿童的情感发展过程中发挥着重要的作用。这种经验强化了大脑的化学和电子信号，并且布下了使大脑冷静下来的回路。压力也会对大脑产生影响。极度的或是不断的创伤使大脑回路充满了神经化学物质，如皮质醇，大脑回路受到的刺激越频繁，它们就越容易作出反应。事实上，重复出现的压力会改变大脑的结构。人们仅仅是想到创伤的经历或是看到与某个事件相关的痕迹（如被父母虐待、一场自然灾害）都会引起神经化学物质的流动，并将大脑调节到一个高度戒备状态。

1997 年，得克萨斯州的儿童经历了一场灾难性的龙卷风袭击，这场灾难夺去了他们许多亲戚和朋友的生命，并摧毁了许多房屋，一年以后这些孩子睡觉时仍穿着他们的衣服，而不盖毯子，这样他们可以随时做好准备去寻求庇护场所。他们的绘画仍然反映出了那些痛苦的经历，记忆或者预示风暴即将到来的云、风等现象也会引起他们的恐惧。此时成人使用平静的、舒缓的抚摸和语言就能够平息孩子们的那些情绪，让他们得以将情感与理智连接起来。我们在对人类造成的灾难，如非洲种族灭绝；自然灾害，如 2004 年亚洲海啸和 2005 年卡特里娜飓风，所做的恢复性的工作中看到了第一手的显示早教治疗力量的资料。

训练是儿童的语言。与成人用语言说出他们的恐惧和创伤性经历不同的是,儿童会用训练把这些情感和经验表现出来。他们可能缺乏语词或者认知能力来理解发生在他们身上的事情或解决发生在他们身上的冲突,但是训练拥有治疗的特征,它可以让儿童在训练中表现和解决这些冲突。训练给儿童的内心世界赋予了具体的形式和表达……训练的一个主要功能就是通过动作表征使现实中处理不了的情况变得能够处理。

(四)脑科学与身体动作发展

婴儿刚出生时往往显得十分笨拙,他们缺乏对肢体的控制能力。他们不能坐、站、爬或行走,并且依赖于原始的反射,如吸吮和抓握。当适应不同能力的大脑的不同区域发展起来的时候,这些原始的反射就会迅速地被日益复杂的神经通路所取代。强烈的感觉和物理性的刺激是促进小脑中突触发展的至关重要的因素,这是调节协调性和肌肉控制的区域。精细动作能力和大肌肉动作能力的发展是各自独立地进行的,但是它们都需要突触的形成和髓鞘形成(包裹在神经细胞轴突外面的一层膜,防止电信号的丢失),联接大脑动作皮层和肌肉的神经回路通过反复的动作活动得到强化。

如果一个孩子的动作神经元在早期并没有受过特别的运动技能的训练,那么这个孩子基本上不可能在这项运动技能上表现得非常出色。没有一个获得了世界冠军的滑冰运动员或高尔夫球员是在 12 岁以后才开始此项运动的。例如,老虎伍兹在10 个月大的时候就在一家高尔夫球俱乐部打球。成人的神经元似乎没有足够大的可塑性允许大脑按照所要求的方式去连接。然而,与获得高水平的运动能力相关的因素,如坚忍性、专注程度、动机和抱负也是非常重要的。练习相关的技能似乎也能被保留下来影响新技能的掌握,如著名的橄榄球运动员沃尔特·佩顿在小的时候学过芭蕾舞,在那里学到的技能,包括力量、灵活性和举止的优雅,都有助于他成为一个保持纪录的跑锋。因此,有时并不是某个显而易见的经历塑造了我们的行为。最起码,成人要为儿童提供一些经验以帮助塑造促进某种技能形成的神经结构,而且成人还必须在一个充满关爱和支持的环境中提供这些经验。

朔伊尔和米切尔回顾了身体动作训练对学业成就影响的研究。这些研究得出的结论包括:身体动作训练增强了大脑功能、提高了训练水平、提升了自信、摆脱了枯燥。他们都认为身体动作训练和学业成就之间存在着积极的关联,包括数学和阅读领域。有规律的身体动作活动能够改善认知功能,提高大脑中负责维持神经细胞健康的化学成分的水平。其中一份报告还有一个很吸引人的标题:《体育锻炼也能增强大脑?》。从婴儿期直至整个生命期间内,身体训练与营养食物搭配会产生双倍的积极效果。严格的卡路里摄入与减肥能够导致成年后的记忆改善。大脑发挥功能的要素不是独自发挥作用的,它们也不是仅仅影响某些特定的要素。而是大脑可以被看作一个影响我们每一次思维、行动和能力的、神奇的生态系统。

在我们锻炼身体的时候,特别是当这项运动需要复杂的肌肉动作时,我们也使大脑相应的区域整套的认知功能得到了锻炼。我们在促使大脑与细胞网络一起释放信号,有助于强化它们的连接。

五、幼儿早期教育

（一）早期教育重要性

据联合国教科文组织调查,世界各国接受学前教育的幼儿数量正在成倍增长。小学一年级学生中接受过学前教育的,比利时占98%,日本占83%,美国占76%,法国占75%。波兰等国甚至雄心勃勃地制订了在城乡普及幼儿教育的计划。和世界各国加强幼儿教育的趋势相比,我国的幼教事业发展同发达国家相比还有很大差距。所以,我们有必要为幼儿教育大声疾呼,大张旗鼓地宣传幼教的重要性。

为了研究幼儿智力发展对人一生的影响,心理学家们曾做了大量的实验和观察研究。美国心理学家丹尼士在20世纪40年代初曾做了一项极端惨无人道的实验。他从孤儿院挑选一批新生婴儿置于暗室中,只给他们机械式的援助,以保证他们既能存活,又避开任何的社会刺激。这项实验发现,起初被试婴儿在生理上像正常婴儿一样,随后机能逐渐退化,直至痴愚的地步。丹尼士的实验因受到社会舆论的强烈谴责而被迫停止,但它所得到的资料是绝无仅有的。这些被试婴儿后来只有极少数恢复了正常人的饮食、衣着等行为模式,而且要经过长时间艰苦的训练。其余大多数婴儿虽经过耐心教育,却始终未能恢复人类的天性,终生痴傻。丹尼士的实验说明,一个人倘若在幼儿期脱离了能促使其智力发展的丰富刺激,会给他带来多么大的危害。这种危害又是他尽终生之力也难以挽回的。

是不是任何年龄阶段的人长期脱离社会,都会造成这种智力上无法挽回的损失呢?日本人横井庄一在第二次世界大战中逃进深山,野居28年之久,于1972年被人发现送回日本。这28

年横井是和动物一样,远离人类社会一天一天熬过来的。他回国时,不少人曾断言,横井过早地接触社会,一定会发狂。但事实是,只经过了短短的 81 天,横井就完全恢复、适应了人类生活,并在当年结了婚。可见,只要人在幼年期得到了正常人的心理发展,那么他的智力就会使他终生获益。

心理学家们做了更为广泛的实验研究,影响最大的莫过于美国布鲁姆关于智力发展的假说。这一假说是布鲁姆多年来对一千多个被试者进行长期跟踪研究的结果。布鲁姆认为假如以 17 岁儿童的智力发展水平为 100,那么儿童长到 4 岁就已经具有了 50% 的智力,到八岁时有了 80% 的智力,剩下的 20% 是从 8 岁到 17 岁的将近 8 年里获得的。这就是说,人的智力发展,在最初 4 年等于以后 13 年的总和。

从幼儿生理学、大脑生理学的角度看,婴儿第一年脑重量增加最快。新生儿脑重约 390 克,9 个月后达 660 克,几乎每天平均增长 1 克,脑的重量已约有成人脑重的二分之一。儿童长到 2.5 岁脑重已相当于成人的三分之二,而 7 岁儿童的脑重达成人的十分之九。大脑皮层以枕叶、颞叶、顶叶、额叶的次序逐渐成熟,到 4 岁额叶的发育已经基本完成了。

近年来大脑研究和生化研究获得了某些突破。研究表明人脑具有 120 ~ 140 亿个神经元,智能潜力极大,现在人类所利用的大脑神经细胞仅占 10%,换句话说,人类的智能潜力尚有 90% 未被挖掘。一般说来,人的大脑生理发展的关键期在出生后 5 ~ 10 个月到 2 岁末。在生命的头 4 年里如果没有足以使大脑发育的营养,特别是没有足够的促使智力发展的外界刺激的话,就会使智力的发展受到压抑和损害。

在动物研究方面有一个值得注意的现象,即所谓发展中的关键期或称敏感期的问题。从形态学和生理学的角度看,人和动物的大脑都不是先天完成而是后天在活动中不断发展、日趋成熟的。一个系统在其快速构成期和生长期,对外界刺激的变化特别敏感。表现在行为方面,某种反应在有机体发展的特定阶段最容易习得。倘若在生命的早期,特别是敏感期,感觉信息的缺乏对生态、生理、生化和行为等方面都会产生很大的不利影响,譬如在视觉系统的速生期缺乏视觉信息输入,会损害核酸、胆碱和其他某些酶系统的正常变化,在黑暗和歪曲视觉的环境中养犬的动物,在视觉行为中表现出严重的缺陷。最近一些欧美心理学家也在努力研究幼儿学习的最佳年龄。这种理论认为,幼儿对不同的学习材料都有一个最佳的学习时期。在这一时期内学习这种材料兴趣大,速度快,掌握牢。提前或推迟对儿童进行教育,效果都远不及最佳期大。例如幼儿学习口头语言的最佳年龄是 2～3 岁,学习书面语言的最佳年龄是 4～5 岁等等。以上资料充分说明,幼儿期是人生智力发展的关键期。如果在这个时期里,大脑由于更加有利的条件和新型的教育活动而获得益处,那么人脑的创造性才能会发展到不可想象的程度,这正是幼儿早期教育的意义所在。

幼儿早期教育之所以在世界各国得到高度重视,还由于国际政治、经济斗争的需要。由于科学技术的迅猛发展,要求我们的新一代接受的知识量越来越多,否则就无法适应社会发展的需要。幼儿教育不仅可以分担整个人生所接受知识量的一部分,更加重要的是良好的幼儿早期教育可以发掘大脑的巨大的智能潜力,提高整个人口的质量水平。这是人生其他阶段的教育所无法取代的。只要在人生的幼年时期挖掘了这种能力,那么面对堆积如山的科学知识,新生一代不仅可以应付自如,迅速适应,而且能够推波助澜,甚至独占鳌头。

当今的时代,世界各国越来越感到进行科学研究的重要,而科学的研究关键是人才。哪个国家能造就出一批世界上第一流的科技人才,哪个国家就能在科学上争取主动权。要培养科技人才,首先得从重视幼儿教育开始。

孩子们是祖国的未来。倘若我们不从现在开始着手教育我们祖国明天的主人,那么 10 年、20 年后将会出现什么局面呢?我们要建设社会主义伟大强国的宏伟梦想岂非大半成了空话?须知:在一定的意义上说,无知是贫穷落后的根源,而文明开化则是富强发达的基础。幼儿早期教育的成败是与祖国的前途、命运,民族的兴旺、发达息息相关的。

幼儿早期教育事关重大,不容忽视,否则我们将受到历史的惩罚。所以,我们必须举国重视,调动各方面的积极性,千方百计地抓好幼儿早期教育。

(二)大脑潜能的可塑性

当我们明白了早期教育的重要意义,那么我们必须回答一个问题,那就是我们的大脑是否能够通过教育来改善?答案当然是肯定的!因为人的大脑具有极强的可塑性。

1. 什么是脑的可塑性

那么什么是脑的可塑性呢?脑的可塑性,也叫神经可塑性,是指脑按照新经验对神经通路进行重组的终生能力。当你记忆一项事实或学习一项技能时,大脑必须发生功能上的改变来代表新知识。

我们以照相机的胶片打个比方,假设胶片代表脑。现在我们使用照相机拍摄一张树的照片。在拍照片时,胶片被暴露在新信息——一棵树的图像之前。为了保留这个图像,胶片必须对光线起反应并发生变化,以记录下树的影像。同样,为了使新知识能够保留在记忆中,脑中必须发生一定的变化来代表新知识。

可以从另一个角度说明可塑性,想象一下用硬币在黏土上压出一个痕迹来。为了让黏土出现硬币的压痕,黏土必须发生变化,即当硬币压入黏土时黏土的形状发生了变化。同样,当发生新体验和感官刺激时,脑神经功能必须重组。可见,大脑随学习而变化的能力就是可塑性。

2. 脑的可塑性依据

那么大脑是如何随着学习而改变的呢?这需要我们进一步地了解大脑的组织结构和大脑是如何工作的。

我们知道人脑和人体的其他器官一样,也是由细胞构成的,但是构成人脑的细胞有两大类:

一类是神经细胞,通常叫做神经元,人脑的信息处理就是由这类细胞进行的。

另一类叫做胶质细胞,是维系神经细胞的活动并且为它们提供营养和支持作用的细胞。

神经元作为人脑信息处理的基本功能单位,它具有一些独特的构造(如图所示),它的细胞体上长有一些突起,这些突起分为两种:突起数量比较多,个头比较小的叫做树突;比较长的,个头比较粗大的叫做轴突。这些突起与信息传导密切关联,树突是负责接信息的,轴突则是负责传出信息的。一个神经元就是由神经细胞的胞体、长在它上面的树突和轴突构成的。

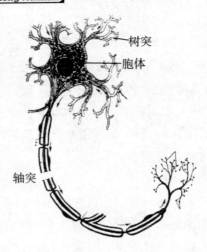

图 1 - 3　神经元的结构

　　单个神经元不能工作,要靠轴突连接相邻神经元才能进行工作。

　　神经元的树突负责接收从其他神经元传来的信息。一个神经元的轴突和相邻神经元的树突连接部分的微小缝隙,就构成了突触。(如图 1 - 4 所示)

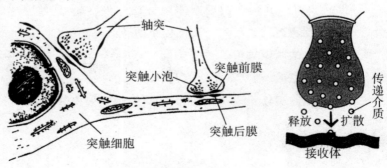

图 1 - 4　突触的结构

26

突触中的传递介质控制着大脑的活动,传递介质蓄积在轴突末端的小囊里。神经信息的电脉冲信号到达轴突末端时,会对突触小囊产生刺激,受到刺激的小囊破裂,传递介质被释放到突触间隙中。此时释放出来的传递介质就在仅1/50 000毫米缝隙里的体液海洋中遨游。释放到突触间隙中的传递介质为了完成传达信息的使命,必须被目标细胞所接收。目标细胞表面附着有接收传递介质的"接收体"。接收体是类似钥匙孔的东西,只能接收特定的传递介质,当它接收到特定的传递介质后,就可以激活或抑制自身细胞的活动。

人们学习时,传递介质被特定的接收体接收,形成了神经回路,人们就可以获得新能力。例如,通过集中练习高尔夫球,可以激活某一特定领域的细胞群,使突触相结合。被称为"高尔夫细胞"的一群细胞的活性化能够使我们的球技得到提高,即使不能达到职业选手的水平,反复的练习也能够使学习过的技术半永久性地保持住。

3.脑的可塑性挑战

通过对大脑的组织结构和工作原理的简单认识,我们可以得出一个结论:神经元负责着大脑信息的处理和加工,突触多样的整合方式,使人类脑功能活动具有多样性。但科学家也发现,在覆盖大脑表面的大脑新皮层上,大约有140多亿个神经元,这个数量在我们出生时就已经基本达到了,而在出生后的个把月内就基本上固定下来,以后也不再增长了。(需要提醒的是,我们这里所说的是神经元而不包括胶质细胞。)

神经细胞具有不可再生性,似乎与脑的可塑性有一定的矛盾。但是实际上,它并不会影响到脑机能的可塑能力。因为,神经元不能再生,但是它上面的突起却可以再生,而且特别重要的,是这些突起总在进行互相连接的活动。正是这种活动,才使神经之间建立起各种联系,使神经系统成为一个机能活动系统。事实上,脑的机能并不取决于脑细胞的绝对数量,而是与脑细胞之间建立起来的网络的复杂性密切相关。而脑的网络形成的物质基础是突触,突触是具有强大的可增长性的。所以可塑性指的不是神经细胞的再生,而是指由于突触的再生而造就的神经网络的巨大潜力。

神经网络是脑的功能系统的框架,正是神经网络。强大的可塑性,才使得人类的各种高级心理活动以多层次,按系统运作的复杂方式和谐地进行,并造成了人脑功能的千差万别,人的能力也才表现出不同的类型。

可见,脑的可塑性是通过改变突触的整合方式,改善脑神经网络来实现的。

(三)大脑开发关键期

我们知道了大脑是具有可塑性的,那么这种可能性在什么时期是最佳呢?这又是一个很有意义的问题,因为可塑性的最佳期就是大脑开发教育的关键期。

1.什么是关键期

关键期,顾名思义指的就是时间上的最重要时段。

最早提出关键期这一概念的应该是奥地利生态学家洛伦兹,他有一个著名的实验,就是在小鹅刚出生的时候,不让鹅妈妈与它们在一起,而是他代替了鹅妈妈出现在这些小鹅面前,结果小鹅把他当成了妈妈。这个实验说明,小鹅有个认亲的关键期,这个时候就是小鹅刚出生的时候。洛伦兹因他发现的关键期效应,获得了诺贝尔奖。

现代科学家研究人的智力、能力、习惯时,发现人也有发展的关键期。印度狼孩卡玛拉 1920 年被人从狼窝中发现时 8 岁，由于多年和狼生活在一起，无论脾气和秉性，还是生活习惯都和狼一样了。他不会行走，只会爬，白天潜伏，夜间活动；每到午夜号叫，完全不会发人声；只吃生肉，而且不会用手去拿，必须扔地上用嘴叼起来吃。人们努力通过教育和训练使她恢复"人性"，但收效甚微，他 2 年多学会站立，6 年多学会走几步路，4 年内才学会 6 个单词，直到 1929 年临死时（17 岁），他的智力、能力才达到两三岁孩子的水平。其原因是他已经错过受教育的关键期。由此可见教育"关键期"的重要性。在关键期内，机体对环境影响极为敏感，在适宜的环境影响下，行为习得特别容易，发展特别迅速。但这时如缺乏适宜的环境影响，也可引起病态反应，甚至阻碍日后的正常发展。

2. 关键期的脑科学依据

人的大脑先天的差别并不明显，就脑重来看，只要男性脑重不低于1 000克，女性脑重不低于 900 克，就不会影响脑的机能和聪明才智的开发。那么是什么影响了人的智能开发呢？

我们知道孩子脑部从出生后的快速加重，是新皮质生长的结果，但是脑细胞的数量从出生到成人完全一样，一个也没有增加。也许你会纳闷：大脑中增加的重量是什么？大脑的逐渐发达又是指什么呢？

大脑的重量增加，是由于脑细胞在成长时，会从细胞中长出许多突出物，就是前一节讲到的树突和轴突，正是有了这些突出物，脑细胞才能彼此交错并发挥大脑的思考功能。

因此，大脑的发达可以说是脑细胞突出物的长成，使脑细胞发挥彼此间交错的复杂思考功能。从脑科学的研究来看，人类在成长的同时，突触的数目也在以惊人的速度增加，并在 3 ~ 4

岁时达到顶峰,2~3 岁是突触的爆发性增加时期,其后不断减少直至 15 岁,15 岁到 80 岁基本没有变化。关于这个结论我们可以来看一个图 1－5。

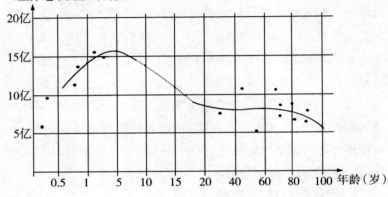

图 1－5　突触密度与年龄关系

所以,这些数据表明,大脑中决定我们思考水平的神经元与突触网络并不是以一条直线发展的,而是有它的成长规律的。因此,如何在大脑迅速成长时,有计划地加以训练,便是智能开发最重要的课题。

关键期存在的另一个客观依据还可以从组织学上来说明。可以再来看一组图片,如图 1－6 所示。

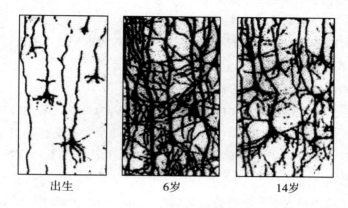

出生　　　　　　6岁　　　　　　14岁

图1－6　大脑皮层突触密度

这组图片分别是人在出生时、6岁时、14岁时大脑皮层的突触密度,这也就是神经网络的状况。可见6岁左右仍是一个人突触数目的顶峰期,这和前面的结论是一致的。

但是,这里也有一个让人纳闷的问题:神经网络应该是越来越密才对呀? 为什么6岁以后反而稀疏了呢? 这究竟反映了一个什么规律? 它说明了一个什么问题呢?

专家告诉我们,孩子出生时神经网络稀是因为孩子刚出生,对外界没有接触,大脑皮层没有形成对事物的网络。而在6岁左右的时候,由于生活中的大量接触,各种网络都形成了,所以显得密了。但是这些神经网络不能长期地存在,除非你不断地强化它,所以到了14岁左右,许多神经网络就消失了。这一点对于我们的教育十分重要,如果我们能够在孩子神经网络快速形成的时期,多给孩子一些有用的信息,这有利于孩子大脑的开发。所以说右脑教育的关键期应当是在15岁之前,6岁前为黄金时段。右脑开发专家七田真明确指出:儿童期是开发右脑黄金时期,并且,右脑开发,宜早不宜迟!

31

（四）大脑开发基本结束期

20世纪50年代，科学家对人类大脑的研究尚是一片空白。60年代至70年代，通过大脑生理学家的研究，人们才知道个人的体验会影响大脑的形成。

当时了解这个事实的人们深感震惊，因为一直以来，大家普遍认为大脑是在人体内部自然形成的，是无法被改变的。不过，在科学家们认可这一新观点之前，对此的研究经历了相当长的探索期。

最初探索这一领域的是前面提及的托斯坦·威塞尔教授，他正因为这一发现获得了诺贝尔奖。他的理论是这样的：

人生初始时期是最关键的学习时期，在这期间，大脑的构造很容易被改变。人从出生到12岁之间的发育期，特别是出生后的13年是具有决定意义的重要时期。在这个时期，大脑就像一个无穷无尽的海绵体，贪婪地从环境中学习，思维、语言、观察等各种能力的基础也在逐渐稳固。过了这一时期，学习的这扇窗子就会被关闭，大脑的基础工程也基本结束。

六、脑科学与教育实践

（一）脑科学与教育评估

虽然研究者本人通常不愿意推导成人在促进儿童健康发展方面应该发挥什么样的作用，但是历史上大量关于经验对大脑发育和行为的影响的证据足以保证该论断对儿童发展的试验性的意义。开放的思想和关注未来的研究都是必不可少的。正如医学正在开始从神经科学中获得实践上的帮助一样，专业人员也应为儿童发展和教育实践而研究大脑。由美国国家研究委员会和美国教育部联合发起的，由著名科学家组成的学习科学发

展委员会对学习科学的最新发展进行了为期两年的评估,并得出了以下结论:

1.大脑的结构取决于经验。

2.教和学对大脑发育非常重要。

3.大脑的不同部位为不同时间进行的学习做好了准备。

4.发展既是生物驱动演变的过程,也是一个从经验中获取信息的积极的过程。

5.有些经验只在发展的敏感期对发展起着至关重要的作用,而有些经验则在相当长的时间里对大脑产生影响。

6.关于哪些研究结果对教育有指导意义这个问题仍然是十分开放的。例如,哪些经验和学习与关键期挂钩,而哪些则与时间节点关系不大? 发展和学习的哪些维度是由基因决定的,哪些是受经验影响而形成的?

在这个具有里程碑意义的文件发布之后,出现了同样意义非常重大的第二个文件,它把所有人们如何从科学研究中为课堂实践找到启示进行了综合。在这个文件中,沃尔夫和勃兰特认为,为了更好地理解大脑是如何学习的,教育工作者应该在为科学探究定向方面提供帮助。伯根和考西亚在广泛回顾一系列关于大脑和儿童教育的研究后得出结论:许多现行教育实践可能会对大脑结构和机能产生一些影响,但是这些实践均未能得到当前脑科学研究的证实。本章并不着重探讨课堂实践中的问题,而更关注神经科学对早期儿童发展的启发意义。

脑科学协会(2009)是一个由科学家和教育家共同努力探讨脑功能科学并告知各层面教师(从幼儿到大学),如何依据脑科学进行教学的国际组织。他们的著作:《脑科学的核心概念:脑科学的基本原则》在内容范围上是广泛的,但是某些元素对那些直接接触儿童的工作者来说是最基本的常识。例如：

1. 大脑（神经系统）控制身体功能，对身体的功能发生反应并指导行为。

2. 大脑的结构在一生中由基因和环境决定。大脑的结构和功能在不断地发生变化。

3. 认知/智力来自全部感觉、情感、本能和记忆的使用，会对语言、探索、问题解决、社会能力、预测和计划的能力，以及更多方面产生影响。

（二）剥夺对大脑发育的影响

当一个孩子出生后，他的脑子里布满了大量的神经元，这些神经元随时准备着通过不断的使用和个人的经验被连接或规划。有些固定连接已经存在，用来产生呼吸和反射、调节体温、控制心跳。而其他数十亿的神经元都在等着与其他神经元相连，但是它们必须用在已有的连接和已经形成的回路上。未经过使用的神经元无法生存下来——潜在的突触或连接并没有形成，儿童可能永远无法获得这些潜力。大脑发育的确是一个使用或失去的过程。尽管错误地使用或者缺乏使用可能导致损失，人们还能通过经验和练习重新获得大脑的功能或者产生新的神经元。在得到治疗的情况下，许多处于发展危机中的儿童都能努力生存并成长起来。儿童的早期经验决定了使用哪些神经元，而哪些神经元要死去，因此，这也就决定了儿童是聪颖还是迟钝、自信满满还是畏首畏尾、口齿伶俐还是结结巴巴。

在美国，许多暴力都可能与缺乏适当的幼儿对成人的依恋关系有关。与忽视和创伤性压力有关的不适当的依恋会导致脑干和中脑这些原始的、固定连接的和对外部影响不敏感的区域的过度发展。斯特劳夫和他的同事们，以及布朗进行的长期研究也证实了依恋和暴力之间的联系。那些早年和主要照看者一起但又没有获得这些照看者的情感关照的孩子会在童年后期和青少年时期表现出更多的攻击性。甚至母亲长久的抑郁症也会对孩子产生不利影响—尤其是那些 6～18 个月大的孩子，因为他们的母亲没有提供促进大脑健康发育的认知刺激。

基因和经验共同影响着儿童智力的形成。早期的大脑发育是先天设计好的，它设计了"经验—期待"行为，如看、说和特定的动作能力。而"经验—依赖"的行为，如使用电脑、阅读、玩复杂的规则游戏等则要依靠我们独特的文化经验。感觉和动作经验对大脑的影响在出生之前就开始了。早在妊娠 7 周的时候，在子宫内发育的神经元就开始驱动胎儿的四肢活动了。环境对母亲的损伤也会对胎儿大脑产生不利的影响（药物、压力、营养不良、疾病、创伤、虐待），这些都会通过母体传递给胎儿。在胎儿和婴儿期发生的创伤和虐待还会继续对整个童年期的大脑发育产生破坏性的影响。

父母的忽视、社会剥夺、紧张的生活环境以及缺乏适当的刺激都将危害早期大脑的发育，并可能导致不成熟的社会行为和情感行为、冲动、暴力、以后学习能力的大幅下降。这些负面影响往往与生活在贫困的环境和住在孤儿院之类的机构中的经历有联系。贫困对健康、学习和儿童发展产生强烈的负面影响。与不健康的饮食，缺医少药，被限制在户内玩网络游戏以及缺少与中上等家庭同等的机会等相关，穷人只能接受最低的教育水平，承受最高的肥胖风险，达到最差的健康程度。这个现象在某个地区还很普遍。适应负荷，一种慢性压力的指标，随着儿童处于贫困状态的时间而增长，会导致年轻人记忆力减退程度不断加深。贫困与改变神经递质活动，压抑神经的形成，海马体额叶前部皮质量的减少有关。

在罗马尼亚的孤儿院,成千上万的儿童生活在冷酷的、没有活力的环境中。据 ABC 新闻报道,这样的环境是罗马尼亚的一个独裁者试图把该国的人口增加一倍而造成的,他宣布控制生育是非法的,并要求妇女一定要生小孩,这导致成千上万的儿童被安置在孤儿院这样的机构中。孩子们成长在几乎完全被忽视的环境里,有的被围在笼子里,有的被限制在婴儿床上,几乎没有照看人员给他们以任何的刺激。在 1960 年至 1996 年间,美国人领养了三千多名这样的孩子。

许多(不是全部)被领养的儿童,尤其是那些长期生活在孤儿院的儿童,在智力和情感方面都没能得到发展。有些人受到了严重的损伤,以至于一个母亲把她领养的孩子描述成"来自地狱的孩子";有些孩子从来没有学过说话、阅读,没有接受过爱甚至感受过痛苦;有些孩子很暴力。经过几年的痛苦和挫折,为这些孤儿的美国父母提供支持的团体组织起来,帮助这些孩子寻求专门的援助。丹佛儿童医院的科学家对这些孩子进行了 PET 扫描,发现这些孩子的大脑明显不同于正常儿童。虽然通过治疗,其中包括游戏疗法,这些儿童的发展取得了重大的进展,但是他们的发展状况再也不可能像正常儿童那样。对于很多被收养的孩子来说,治疗来得太晚了。机会之窗在婴儿期是开放的,但是对有的孩子来说,随着时间的推移,这扇窗户会渐渐变窄,而对那些已经到了 8 ~ 10 岁的遭受非常严重损伤的孩子来说,这个机会之窗根本就是关闭的。到 6 岁时,多数人仍然还顽固地存在着缺陷,可能是因为生物程序或者机构剥夺造成的神经损伤。幼儿期正面和极端负面的经验都会产生其相应的结果。

2003 年,作者对收养一名罗马尼亚孤儿的父母进行了访谈,他们谈到自己收养的这个孩子(现在处于学龄期)正以相对正常的速度在发展,他们将此归功于从一开始就与这个孩子进行的密切交往以及必要时所获得的专业帮助。而来自其他收养这些孩子的家庭的经验也告诉这些父母,并不是所有的父母都有足够的能力能够或者乐于提供这种密切的交往。

七、早期教育与大脑健康发育

我们从亲子健康乐园多年体能训练实践中,可以简要列出关于早期教育和大脑健康发育关系的合理结论:

·尽早开始。刺激大脑健康发展的最佳起始时间是受孕期,这与两个健康的成人有关。如果你等到孩子进了幼儿园进入"开端计划"中才开始,那么你已经错过了大脑某些方面发育的最佳可塑期。

·多陪孩子玩。孩子们需要与父母之间的安全的依恋或联结。不要被这样的观点误导,即所谓少量的亲子间共处的珍贵时光可以弥补长期父母不陪在孩子身边的岁月。大脑的健康发育它是永不停歇的。

·做积极、幽默、热情和悉心抚育孩子的父母。活动对大脑的发育的确是至关重要的,但是也存在着好的活动和坏的活动。好的活动为大脑的健康发展提供支持。而坏的活动则会导致大脑的不健康发育,从而导致能力的缺陷和行为的失常。

·注意孩子的社会性和道德的发展。即使简单的活动也会带有道德的色彩,如轮流、分享、倾听等。满足孩子的身体和情感需要并不意味着迎合他们每一个一时兴起和突发奇想。父母、照看者、教师应该从一开始就怀有明确的道德期待,这些道德期待应该由父母示范出来并要求孩子们执行。有些道德基础是与生俱来的,而出现在早期儿童阶段的大脑化学模式更影响着儿童日后的道德行为。

· 让儿童面对挑战,但又不要走出他们的能力范围。成人的期望应该既是困难的又是儿童能够达到的。婴儿和学步儿比通常认为的有能力得多,而成年人,特别是父母,在孩子发展的过程中发挥着重要的作用。

· 拥抱孩子。抚摸具有保健和治疗的作用。抚摸、爱抚、轻拍和拥抱你的孩子,轻轻地来回摇晃他们。人们从来就没有过不需要身体接触包括拥抱的时候。儿童渐渐长大以后,他们就开始进行摔跤、牵拉、投掷和追逐的游戏,这些游戏活动对动作能力和情感性行为的出现至关重要,同时对强化相关思维能力也起着重要的作用。

· 对着孩子说话。要对婴儿做出的喔啊声和咿呀声做出反应。对孩子说话要使用"父母语"(对婴儿式的语言)。随着孩子不断长大,要扩展与孩子说话时的词汇量。倾听孩子的话语。早期的语言交流必须是个别化的,即发生在孩子与成人间,并且与正常进行中的活动相联系,这样才能在最大程度上刺激儿童的神经发展。

· 尽早给孩子引入音乐、艺术和舞蹈。为孩子播放轻柔、舒缓的音乐。在婴儿期让孩子进行吟唱训练。让孩子认识乐器。为孩子提供简单的艺术材料和简单的工具,通过简单的操作活动培育、陶冶孩子的艺术情操。并逐步扩展到艺术欣赏活动。

· 用训练、艺术、音乐、家庭出游和实地考察取代电视。控制孩子看电视。广泛地选择孩子可以参加的其他活动。训练、艺术、音乐都有可能会引起神经结构的长期改变,而这些改变将影响思维和推理能力。

·家庭、日托中心和幼儿园都要远离药物。成人要为孩子做出示范。药物包括烟、酒和滥用处方药都会对子宫里的胎儿以及出生后儿童的发展产生毁灭性的影响。

·在适当的年龄阶段为孩子们提供积木、珠子、沙、水、简单的工具、锅碗瓢盆、打扮的衣服和其他简单的原材料。每个儿童教养环境的布置都需要这些刺激材料,免费、便宜和自然的材料对儿童来说已经足够好了,但是要确保这些玩具是安全的。

·保护儿童远离压力和创伤,包括极端的责骂、喧闹而持续的吵闹声,孤立、身体和情感的虐待。面对压力和创伤,大脑是极其脆弱的,长期生活在压力和创伤中对大脑发育造成的消极影响也是永久性的。

·不要用太多的玩具、过多毫无意义的谈话、太多的吵闹声或过多的活动来过渡刺激儿童,只要提供足够的时间,有趣的、安全的场地和材料让儿童去探索就可以了。专门的玩具或高科技材料都不可能比与孩子谈话和为他们提供简单的玩具更有效。事实上,过渡刺激和创伤都会对儿童的大脑发展产生消极的影响。

·为孩子阅读,和孩子一起唱歌,与孩子一起玩简单的体能训练,日复一日,每天如此。

·把你对健康发展的关心扩展到孩子所到的任何地方。确保孩子在家中、在日托中心和幼儿园都有良好的营养和户外体育活动。人们的饮食和运动量都会影响大脑的功能,并最终影响健康、学习和记忆。在幼儿园和家里为孩子阅读食品标签,教给他们如何避免使用高热量、高脂肪、高盐、高碳水化合物类的食物,要选择未加工的食物。好的食物能够强化大脑;劣质食物能够损害大脑。

·警惕高风险测试,这会导致过分强调应试技能而不是强调已发展为本的课程。不要接受幼儿园不断地从每日课程中取消课间休息、游戏场地、艺术和音乐(所谓的"装饰性课程或活动")如果有这样的情况无法改变,请考虑为孩子换一所幼儿园。

·如果一个孩子有出生缺陷、发育障碍,或者遭受了致残性伤害,请不要放弃。如果给予这样的孩子以适当的照顾和治疗,那么人类的大脑是有惊人的补偿能力以及一定程度上的再生能力的。这一点在美国父母收养的罗马尼亚孤儿的研究中就得到了证明。

·儿童最初是受生物学因素来学会特定的语言和思维的基本能力的,这些基本能力在儿童早期就错综复杂地在他们的头脑中固定存在了。大脑中这种连接是儿童日后解决复杂的技术性的问题(如数学、计算机科学)时的基础,而这种解决问题的技能需要依靠强大的文化和社会支持才能实现。

·中国孩子每天要花费时间使用电子设备、网络在促使我们对它形成新的认识。成人必须确保儿童具有除网络之外的丰富经验。我们正在变得更善于扫读和略读,但是我们失去的是集中精力、沉思和反思的能力。

·儿童发展中某些经久不衰的原则可以通过历史追溯到一些世界著名的思想家,经过上世纪研究,这些原则获得了格外的尊重——关注完全的儿童,尊重儿童学习速度和水平的个体差异,在各种各样的户内环境中提供动手操作的经验。

第二章 早教体能训练成功之路

一、世上最聪明的母亲们

本协会每年都给同行们提供不可多得的机会,那就是我们有幸去看孩子们的体能训练。那是一次来自全国幼教界的领导、专家和二百多位老师们,由太阳幼儿园——国家幼儿教育培训基地惯例安排的教学观摩课活动。她们中有国家教育部、基教司、幼教处领导,中国幼儿教育理事会秘书长、北师大、华东师大、东北师大专家教授和来自全国7省市参加国家培训的骨干幼儿教师。当我们走进大课堂马上进入眼帘的是一个3岁小女孩在老师的指导下,正在做前滚翻和侧手翻动作。精彩的动作使在场的所有人都毫无保留的彰显出赞叹和雷鸣般的掌声。那种极度兴奋无疑都表现在她的脸上。与此同时,更展现出她们的自身专业领域应有的特质。

当理事会秘书长将这个小女孩叫到面前时,她眼中闪烁着身为一个母亲的喜悦。母亲们的骄傲使所有孩子都乐于表现他们的绝技和困难的体操动作。她们脸上的笑容,使一个3岁的女孩轻松的连续做出单手侧翻动作……场内惊赞声,掌声此起彼伏。大约经过40分钟孩子们的表演后,老师对这堂体能训练课做了总结。之后,这位年仅23岁的老师向我们讲述这个3岁名叫王娇小女孩入园的故事。王娇的母亲是一位医生,在市内某医院工作。由于工作关系她想把孩子送到全日制幼儿园。入园前,她考察了多所幼儿园,后经同行推荐决定把刚满2岁的王娇送到园里来。王娇入园前身体比较瘦小,经常患感冒住院。她母亲正是由于这个原因,向园里提出要亲自照顾孩子两周,园长破例批准了她的请求。她利用两周时间不仅听完家长培训班开设的课程,巡查了各种亲子训练计划,体验了相关的体能训练,目睹了其他孩子体能训练。王娇母亲激动地握着园长的手腕:"你们园的老师比我们亲妈照顾的还好,我真的放心了。"园长说:"我们园里所有的孩子都把老师叫亲子妈妈。"刚才给各位老师表演的王娇仅是一年园龄的孩子。我可以骄傲地告诉大家,"园里的孩子个个都是很棒的"。接着,观摩团参观体能训练馆、音乐厅、舞蹈厅、运动场、各种琴房和游泳场。许多来自全国各省的幼教老师赞不绝口,深有感触地说,"这真是名副其实的儿童健康乐园"。观摩结束前,太阳幼儿园园长还告诉大家,在过去二十多年来,我们接待了像王娇母亲那样数万名那些聪明的有志于给孩子创设一个更加美好,更加理性的成长环境的母亲。他们申请陪同孩子到园里来怀有不同的想法。有的观察2~3天,有的观察两周或一个月,有的亲身体验,甚至没有离开过,如今已成为本园工作人员。在为数众多来园体验并接受家长培训的母亲中,有的是政府官员和公务人员;有些是专业技术人员和职员;有些是创业者和企业高管;有些是大学教授和老师;有些是企业者和商人以及其他更多的父母们。他们视孩子为家庭的希望和祖国的未来。父母都希望自己的孩子好,这是中国父母的普遍心理。父母更希望自己幼小的孩子成长的更好。为此,做父母总是千方百计想为子女创造一个良好的学前教育环境。昔日孟母三迁,为选择好邻居不惜多次搬家;今天的父母为了孩子能入一个好幼儿园,不惜节衣缩食,不惜跑断腿、磨破嘴,都反映了家长对学前教育质量的迫切要求。父母们深知,如果不在孩子幼儿时期对他们进行良好的、全方位的、高质量的教育和培养,孩子就会输在人生的起始阶段,就可能在走上社会时被冷落,甚至被淘汰。

在观摩即将结束时,观摩团被 10 多位母亲,陪同孩子正在做攀缘训练的情景吸引了。一位亲子妈妈正在引导两个小组的 4 岁的小孩做 10 米长攀缘游戏比赛。大家怀着惊奇的目光看到参赛的两个孩子正紧紧地握在攀缘梯上,一声令下,他们像腾空的小燕子样子,双手交替、下肢左右摆动,全身协调的快速前行。按比赛规则,谁先到达终点就给谁戴上大红花,全场比赛结束看那个组得的红花多就视为第一名,每个孩子奖励一个儿童玩具。比赛每个孩子都表现的是那样的自信、勇敢和坚定。期间,一位大学老师手拉着获奖的孩子对观摩团成员介绍说,"我们是亲子健康乐园有三年园龄的协会会员。三年来,每双周协会会员活动日就带孩子来到乐园,在老师指导下按照入园制定的《园外训练计划》接受体能训练。在观摩团结束观摩时,太阳幼儿园园长深有体会地说,"我们幼儿园办园的宗旨正如著名幼儿教育家蒙特梭利所说,教育不外是找到一条路——开发深藏于所有孩子灵魂中尚未被开发的东西,找到一条接近人的路。这条路就是只要给他机会,通过科学的体能训练,不仅开发大脑智力,而且还会让孩子变得身强体健,同时,我们父母的大脑也会得到很好的锻炼。"

二、每个孩子都能身强体健

这是太阳幼儿园《亲子教育纪实》中记录的又一个动人的故事。2000 年 6 月 1 日国际儿童节前夕,一对双姐妹各领着一个 3 岁左右的孩子走进幼儿园,刚进大门便向保卫询问园长办公室在哪?门卫告诉她们说园长办公室在 3 楼。双姐妹背着包裹匆忙向园长办公室走去。到办公室受到园长热情接待。姐姐自我介绍说,我们俩是亲姐妹,从农村来城里打工已 3 年了,因家中老人故去两个孩子无人照看,听城里人说你们幼儿园办得好,今天我们就慕名而来,想给两个孩子申请办理入园手续。一个男孩名叫刘壮壮,一个女孩名叫张兰兰,两个孩子都 3 岁,请示园长批准。园长说,你们为孩子申请入园我同意,我们太阳幼儿园对农民工子女入园还有特殊照顾规定,过一会签个协议就可以了。为了让你们全面了解幼儿园情况,我现在请办公室的同志陪着你们和孩子先走走看看,之后,有关入园的规定和要求办公室同志会向你详细介绍。

在宋老师的带领下,姐妹领着孩子走进亲子健康乐园体能训练馆。当看到宽敞、明亮现代训练大厅时,姐妹两人不约而同地惊讶地喊出声来,"这么大体能训练馆,从来还没有见过。"身边的宋老师介绍说,"这是我园具有现代化环境的体能训练馆。馆内设备齐全、结构合理、使用便捷,可容纳 200 多名幼儿同时做各种训练。今天由 2 岁大到 5 岁大幼儿在做《如何使宝宝身强体健》的课程,训练道具就是地板。"

孩子们的动作训练吸引了姐妹的目光。一个 4 岁名叫冬冬的男孩表演了他自己设计与音乐配合的在地板上的动作。他从 3 个翻滚开始,接着是 V 姿势、单腿平衡、转圈、第三芭蕾舞动作、两个侧手翻、第三芭蕾舞动作,以及一连串其他具有专业素养的体操动作。当他做完最后动作站稳时,大厅中老师和双亲们则传出阵阵掌声和赞美声。

训练馆正前方是一个有 300 米环绕塑胶跑道的运动场。双姐妹看到有 8 名 6 岁大的孩子正在跑道不停地跑了 1 500 米,到终点时显示只用了 20 分钟,令姐妹十分吃惊。运动场西侧是攀缘训练区。10 多名刚满 3 岁的孩子在老师和家长保护下,有序的在做距离 10 米攀缘游戏。就在一个 5 岁大的孩子做攀缘前进时,在园区小道旁一棵老树上传来呼叫声。一个名叫 4 岁的芳芳不知怎么爬到离地 10 米的树干上去了。此时,6 岁的哥哥军安又不知从哪儿跑来去救妹妹。她肩上扛着一捆绳子。他跑向大树爬了上去并将绳子一头绑在树干上,一头将绳子绕在芳芳的手臂上,妹妹沿着绳子爬了下来。在场的父母们一致称赞军安是个有智慧和勇敢的孩子。

　　双姐妹和八十几位父母参加的 7 日课程培训班一同走进休息室休息。此时有许多父母们对孩子们精彩表演处在极度兴奋和热议之中;看到刚满两周的新生儿在爬行道上靠原始反射的小手抓握;看到 3 岁孩子在攀缘梯上向小燕子似的快速前行;看到 4 岁孩子优雅灵敏的体操表演;看到 5 岁孩子用双语阅读和数学演算的精彩片段;看到 6 岁孩子组成的交响乐团演奏《黄河大合唱》乐曲的动人情景。此外还有一些父母们别有兴致地观看了美术展、书法展和团体图片展等。其中足以使父母亲们感动得热泪盈眶、相拥而泣可爱的,那些用熟练英语相互交流的孩子;那些高智商做口语速算的孩子;那些拥有广博知识独立阅读的孩子;那些小提琴精彩演奏天天向上舞曲的孩子;那些用蜡笔做自然写生的孩子们。这些聪明而天真的孩子的小面孔还历历在目。这些孩子是些什么人? 他们今天变成这样棒有什么背景? 他们是从奥运冠军选手、田径运动选手或杂技演员的父母那儿得到特殊遗传基因吗? 他们是因为有"星级"父母想让孩子出尽风头吗? 他们是经幼儿园老师专门挑选为父母家长表演作秀吗？凡是曾经来过太阳幼儿园亲子健康乐园的父母们及其他所有的人亲眼看见孩子们的一切都不会这样认为。因为他们都是来自中国的普通家庭，其中有少数孩子来自中国农村的农民工家庭，只有极少数孩子来自非常有钱的家庭。因为他们的成长年龄阶段从新生儿（当然还不会做这些事）到两岁（刚刚开始训练前面说过的事），再到3岁（会做所有的事），5岁（能将前面说过的事做得很好），最后到6~7岁（都成了高手）。总而言之，这些孩子都只是普通平凡的人；生理与智慧表现具佳；非常天真、活泼、可爱；有不可抗拒的魅力；都是亲子健康乐园协会的学生；有聪明的父母给予他们不平凡的机会。如果这些孩子是普通条件下健康成长，那他们就是一个个不平凡的普通孩子。如果这些孩子的确不平凡，那是因为他们的父母送给一个珍贵的礼物，那就是在本协会工作人员的精心指导下使他们的智力潜能完全发挥出来。这些父母是多么与众不同啊！

一年后的某一天，双姐妹应邀参加协会会员"7日课程计划"培训。期间，她们在亲子健康乐园训练馆亲眼看见了两个孩子前后滚翻和攀缘前行表演后，两位母亲抱起孩子，感动得热泪盈眶。紧握课程主讲老师、幼儿园园长、亲子健康乐园协会理事长的手说："这真是一个令人吃惊而又神奇的学校。我要告诉所有农民工的母亲们，太阳幼儿园办得最好！"

三、父母与早期教育

那天非常有幸的是我能同几十位协会会员的家长观摩了一堂十分精彩的体能训练课。这堂课是执行"园外课程计划"6~7岁的孩子们。他们如同往常一样每个人都很好的做完固定的项目。其中，一位7岁名叫亮亮的女孩在做"天线"体操动作时受到全场的关注。她清秀苗条的身材,满脸带着笑容,使你一见到她就讨人喜欢。很多家长不明白"天线"的含义,便把老师请过来询问。她的老师向大家介绍说,在此之前我们从没见过她能做"天线"这个动作;我们也不知道她会做这个动作。实际上,一个月之前她还不会做。其实,"天线"在我们这里是一句体操专业用语,它指的是一项优美而大多数孩子只能看之兴叹的,空手侧翻的体操动作。你是否能想象一个瘦瘦的 7 岁小女孩做出一个奥运级的、优美的动作。你看她速跑几米然后把身体腾起抛向空中,头下脚上翻一圈后轻轻稳健落地,以标准的姿势向钉子似的站住。你现在了解后可能会说,这既赏心悦目又真的不可思议? 老师笑着对大家说,你们是否还记得为观摩团做前滚翻那小女孩子的表现? 这个女孩就是做"天线"动作的亮亮。她母亲把她带来成为亲子健康乐园的学生时才 18 个月大。她虽俊俏但身体很瘦弱。说实在的,她入园时的样子还真让人担心。她的母亲是一位小学教师看出老师们怀疑的心理。沉静而又充满自信的母亲向我们保证:"请放心,孩子一切都会好的。"同时,她还努力地说服身边的工作人员。母亲深知,亮亮能否被接纳为正式学生老师是很关键的。按照园里规定,凡申请加入早期发展计划的,通常审核不是孩子而是父母。园里这样的规定主要是因为:亲子健康乐园的早期发展计划并不直接针对儿童,而首先是培训母亲怎样做之后,他们再回到家里教孩子。园里制订的早期发展计划从不拒绝任何一个孩子,因为他们深信每个孩子都能身强体健,对亮亮当然不例外。

可爱的亮亮从 1 岁半到 7 岁的整整 7 年间,她的父母亲为孩子创设了一个良好的成长环境,让他每天都在温馨快乐中度过。她家的客厅就是亮亮的游戏和训练的地方。在客厅有她需要的儿童电脑、小提琴、体操垫子、攀缘横梯、各种儿童图书、舞曲和儿童歌曲等。客厅一面侧墙上张贴早期发展计划和大脑开发7个阶段体能训练测评表。就是这样一对夫妻紧紧把握孩子生长关键期,通过各种体能训练,给予大脑各种各样的刺激,促进大脑健康发育,使孩子变得越来越聪明,同时,也使孩子的肢体经受到锻炼,身心得到全面发展。亮亮已从一个瘦小的女娃变成德、智、体、美全面发展的孩子。她的体操动作可以同专业体操运动员比美;她的阅读能力超过一般同龄的孩子;她的英语水平能同外国人对话交流;她的电脑使用技能可以自编程序;她的小提琴可以演奏世界名曲。当大家了解亮亮成长故事后,会自然地想到她的父母是怎样的人?不是教育专家就是体育教练或者超智慧的人?都不是!亮亮的父母都是普通人民教师。他们在教育孩子问题上对自己约束4章:夫妻间不吵架,特别是在孩子面前;各自都用孩子语言同孩子对话;孩子体能训练时尽量不缺席;教育孩子时产生意见分歧,以理服人。她的父母可能因为从事职业关系,平时坚持读书学习,在他们家中的书柜上珍藏几十种育儿书籍,如《蒙台梭利教育宝典》《美国家教常青树》等。他们通过学习和教育实践提出12条育儿原则。即:要将孩子作为具有独立人格的人来尊重;要把孩子生命健康(体能训练)作为全面发展的基础;要把培养孩子良好的个性和性格贯穿始终;要培养孩子养成良好学习生活习惯;凡是孩子自己能够做的,应当让他自己做;凡是孩子自己能够想的,应当让他自己想;要教孩子怎样做,就应当教他怎样学;鼓励孩子去发现自己的小世界;积极的鼓励胜于消极的制裁;积极的暗示胜于消极的命令;要认真执行幼儿园制定的早期发展计划;要紧密同幼儿园指导老师配合。这12条育儿原则就是亮亮成功教育原因之所在。

　　当今,伴随我国幼儿教育改革的春风,越来越多的家长重视幼儿教育,关注孩子的成长。但也有少数的父母对孩子的教育有偏误。有的认为小孩子无需更多的精力教育培养,教育与不教育都能长大成人,三张顺其自然成长;有的父母视孩子如获至宝,送给孩子一件件"好意",满足孩子有的是无理的要求,让其在温室里成长;有的父母受传统"子不教,父之过"的影响,对孩子严教严管,主张在父母早已设计好的笼子里成长;有的父母"望子成龙"迫切,在幼儿教育"小学化"的感召下,完全违背认知规律,主张学习多科知识,期盼孩子长大成才。孩子成才了吗? 这是太阳幼儿园又一个真实的故事:

　　一天,一个协会会员孩子的母亲来访,这个孩子是个勤奋训练,体操技巧,感觉反应都发展很快的孩子。"老师,我家的孩子能成才吗?"一开口那母亲就这样问。老师一边笑着回答说:"不,成不了才。"没料到听到这样的回答,做母亲的愣住了。经过详细解释后才开始明白了。

　　所谓"能成才吗",这意味着如果成不了才就算白费劲了。这种想法是当今很多家长的通病。如果能成才就让他试试看,这种有所企图的教育态度与正确地培养孩子能力二者是格格不入的。不,还有比这让人更担心的是和孩子见面不交流。期待成名成家的心理往坏处说实际包含:"我家的孩子中用吗?""可以指望吗?"家长这和自私贪婪的心理是不可能不影响到孩子的。老师是这样对那位家长母亲说的:"你的孩子不是要变成了不起的人物,而是要成为一个(品格)高尚的人,成为一个更加美好心灵的人——当家长的只要在这方面多关心不就足够了吗? 一个人如果能受到良好的教育,就可以开创出光明的前途;一个人如果所受的教育不得当,那么孩子就会步入歧途断送前程。"老师还指出,必须培养出心灵高尚的人,而这和是否成名成家(出人头地)是不相关的。

要热衷于培养孩子的能力,这才是从事才能教育的家长和老师的根本任务,期待某些功力成果绝不是才能教育。要造就出人头地的孩子,在我们老师这里从来未产生过这类念头。因此,在谈到才能教育的时候,是决不允许有什么把孩子纳入培养栋梁之材之类打算的。所谓培养栋梁之材,就必定会使跟不上的孩子不断的掉队,而那种教育体系中,只能是选出好教的孩子来进行训练。在那里是不存在"所有孩子都要培养"这种思想的。而仅有"只培养特殊的孩子"这一思想。这位家长表示说"听了老师一席话深受教育,明白了育人必须重视能力培养的道理"。

太阳幼儿园是一所具有公益性质的幼儿教育单位。其办园理念和目标是"为所有孩子的教育,教育所有的孩子"。太阳幼儿园教育成功之处有 4 点:一是有数以千计的聪明的父母;二是有亲子健康体能训练协会组织;三是有科学的早期发展计划;四是有高端的师资队伍。

四、早期亲子健康教育协会与机会

太阳国际幼儿园坐落在松花江畔美丽的太阳岛上。1988年在伴随我国教育改革大潮中成立,至今已有 30 年历史。30年来,她历经了从小到大,从弱到强的艰难发展历程。该园占地面积由一栋1 000多平方米的平房发展到目前有近 3 万平方米综合建筑群;在籍幼儿从百名发展到今天具有3 000多名教育规模的国内大型幼儿园。目前是省和国家超前占位的标准化幼儿园。设有亲子健康教育协会,0~6岁幼儿教育中心,亲子健康乐园、图书馆、运动场、现代技术多功能教育厅、省和国家早期教育研究中心。省和国家幼儿教师培训基地、全国幼儿教育理事会单位等。该园提出:"尊重、支持、肯定、大爱"八字教育新理念;提出"为了孩子的一切,一切为了孩子,不让一个孩子掉队"的明确培养目标;提出"即使是普通的孩子,只要教育得法,就会成为不凡的人"的育儿方针;提出"不断提高育儿质量是教师队伍建设永远不变的主题";提出"鼓励给孩子更多的机会,真正体验什么是他最需要的"教育原则。该园育儿设施完备。主要有各种幼儿器材近400多种、有舞蹈室10个、游戏屋30个、体能训练室30个、钢琴50台、小提琴60把、艺术沙龙室3个、画室20个、父母休息室6个、幼儿配餐室6个 等。该园师资队伍专业结构合理。园长冯萍华东师大幼教专业毕业,硕士学位。1996年赴美国纽约大学学习,获博士学位。1996年任园长、博士研究生导师、全国"三八"红旗手,全国优秀教师。现有教职工491人。其中博士研究生3人,硕士研究生68人,本科生280人,专科生130人。承担并完成国家"十五"、"十一五"两个国家重点研究课题。撰写专著11部,在国内外发表论文180多余篇。2008年《大脑开发与早期体能训练》研究获国家教育部2等奖。

2000年伴随我国教育改革的深入,唤醒了沉寂的中国幼儿教育,由国家六部委联合颁布的《我国幼儿园教育发展指导纲要》就像一股强劲的春风推动幼儿教育乘势起航。在当代中国提出建设人才强国的背景下,未来社会的发展对人的素质提出了新的更高的要求,这为包括幼儿教育在内的初等教育带来前所未有的发展机遇,也是对中国式的幼儿教育模式提出严重挑战。党的十九大提出要到本世纪中叶把中国建设成为社会主义现代化强国的宏伟目标,这要求今天的儿童能具备未来终身教育社会国际化、高科技化、信息化、数字化需要的各种素质,要求他们不仅具有知识、技能和学习能力,而且更需要具有开拓和创造精神、广阔的视野、学会关心社会、关心他人、关心整个地球等等。显然,要培养这样高质量的人才,教育部门将担负培养一代新人的繁重任务。

中国的幼儿教育服务世界上最庞大的学龄前人口。它拥有超过 1.1 亿的 0～6 岁学龄前幼儿,占世界学龄前人口的五分之一。根据联合国教科文委组织 2008 年《全民教育全球检测报告》发布的数字,2006 年全球幼儿教育平均入园率为 37%。其中四分之三的国家达到了 75% 以上,而中国仅为 50.75%,略高于全球平均水平。虽然 2003 年教育部《学前教育改革和发展纲要》规定,到 2007 年全国 3～6 岁儿童受教育率达到 55%,5～6 岁达到 80%,大中城市普及 3～6 岁幼儿教育。但是,基于中国庞大的学龄前幼儿基数,即使能实现这一计划,徘徊在幼儿园大门之外不能接受早期教育的适龄幼儿人数仍然十分巨大,先圣孔子"有教无类"的理想还远远未能实现。因此,幼儿园教育必须改变传统的封闭模式,让幼儿园教育成为一个开放的系统。幼儿教育改革发展实践证明,越清醒地认识到这一点,对幼儿教育的发展越有利。幼儿教育社会化已成为中国教育改革深化的重大课题。幼儿园教育因具有广泛性、启蒙性、非学科系统化等特点,完全有条件更快地实现教育模式和教育策略的转变。

从我国幼儿教育的国情层面讲,中国是最早实施家庭教育文明古国,也是家庭教育的大国。据联合国教科文 2008 年《全民教育全球检测报告》调查的情况,中国有家庭 6 800 万户,是世界上家庭最多的国家。中国历代幼儿教育思想家们无不重视家庭教育。家庭教育的美德在三千多年的历史长河中得到传承和发扬。今天的中国一直把以父母为中心的家庭教育作为孩子成长的基石。然而,中国的幼儿教育也离不开家庭。主要因为:

(一)家庭是幼儿成长最自然的生态环境

中国家庭教育具有很好的传承。早在原始社会末期,由于社会生产力不断提高,母系社会逐渐瓦解,取而代之的是父系社会产生。母系权力除照顾子女,从事家务劳动外,完全让位给父系。氏族公社变为单元家庭,幼儿归小家庭所有,幼儿公共教育变成个人行为,于是,家庭教育产生了。从此,家庭就成为社会最基本的单元,也是幼儿成长最自然的生态环境,婴儿呱呱落地降生到人间,他们需要社会特殊的保护和照料。担负养育幼儿的重大责任必然是以血缘关系组成的家庭。因为这个家庭是幼儿天伦和乐的生存场所。伴随社会进步和社会生产力发展,由人类最初家庭承担的幼儿教育转移到幼儿园。幼儿教育发展到今天,从中国幼儿教育的国情出发,从"还幼儿一个正常的社会生态"的维度,家庭教育的重要性又重新受到重视。在当代中国,幼儿园的教育功能不仅不能削弱反而应该加强,因为这是人类教育进步发展的必然选择。但不能以园为本而取代家庭。

(二)家庭是人生第一个学校,爱是家庭的精髓

父母对孩子的爱为幼儿的成长奠定了坚实基础。"在品德、个性、社会性、智力发展和文化特征方面,父母是孩子第一和最重要的环境影响因素"。(瑞典·贝克罗斯博士)幼儿入园前的生活是在家庭里度过的,家庭的影响印刻在幼儿身上,每个幼儿都从自己家庭的生活中获得不同于他人的经验,形成自己的行为习惯,学习待人处事的能力以及语言能力等等。这一切在

入园后,仍然极大地影响制约着幼儿园的教育,幼儿园教育只能在原有的基础上展开,否则教育效果不佳。与幼儿园教育相比,家庭这一"学校"对幼儿发展的作用并不亚于幼儿园。尤其引人注意的是,在城市里,尤其是父母文化水平较高的地区,家庭在幼儿认知发展中的作用还超过了幼儿园。当然幼儿园与家庭的特点,长处各不相同,不能互相替代,但家庭对幼儿成长的重要性不能不给予高度的重视。

(三)家长是幼儿园教育重要力量

在孩子成长教育中,无论从时间、环境还是从作用影响等方面因素看,家庭是孩子接受教育的起点和第一重要场所。家长与幼儿这种天然的联系具有别人难以替代的优势。一旦家长与幼儿园为着一个共同的目标携起手来,那教育效果就将与日俱增。家长作为重要的教育力量表现在:

·家长的参与极有利于幼儿发展。有研究表明,家长直接参加幼儿园教育对幼儿有良好持久的影响。家长参与幼儿园的活动能力大大提高幼儿活动的兴趣和积极性;能够改善幼儿在家中的行为和密切与家人的关系;能够有利家长与教师的交流和沟通,达成更多方面的教育共识,从而使幼儿学习更认真,参加各种游戏活动更主动积极。

·家长是教育最好的合作者。没有谁比父母更了解自己的孩子,因此,是教师了解幼儿的最好的信息员,有利于教师更好地实施因材施教。

·家长与教师的配合使教育计划具有可行性。幼儿园课程适应性、教育的连续性和有效性等都能更好地得到实施,制定的培养目标可以全面实现。

·父母本身是幼儿园教育不可或缺的宝贵教育资源。从教育上看,有一个数以万计庞大的家长群体。只要把父母们团结在幼儿园的周围,将会形成一种无比巨大的力量;从背景上看,各种不同的职业,不同的知识结构,不同的岗位层次可以形成各种智源,为幼儿园教育提供智力支持和服务;从共识上看,当一个家庭诞生后,绝大多数在当了父母之后都产生一种强烈责任感,一切为了孩子,为孩子的一切。

太阳幼儿园的专家们正是基于上述深刻思考认为,幼儿园教育与家庭合作教育是当前我国幼儿教育改革发展的正确抉择。早期教育实行以幼儿园教育为统领,以幼儿园与家庭教育为主体的合作教育新模式。具体地说,将0~4岁的幼儿由家长负责教育,并以"合作教育协议"法律条款固定下来。实行统一领导,统一课程计划,统一各种活动、统一评估考量、统一园籍管理;统一培训家长。5~7岁移入幼儿园"成功学校"学习。8岁输送入小学。《幼儿园工作规程》中明确规定"幼儿园应主动与幼儿家庭配合,共同担负教育幼儿的任务",这是科学的、符合世界幼儿教育发展趋势的决策,符合我国幼儿教育国情。幼儿园与家庭合作教育新模式,更加彰显幼儿园在幼儿教育中的作用和功能,同时也调动了家长直接从事幼儿教育的积极性,形成"双轨并进、两翼齐飞"的良好教育格局。

(四)早教亲子健康教育协会

亲子健康教育协会(以下简称协会)是太阳幼儿园在籍幼儿的父母组成的群众性民间组织。成立协会的初衷是面向广大会员需求,让幼儿园成为一个更加开放的幼儿教育机构,发挥教育在幼儿成长中的导向作用,促进幼儿身心健康发展。协会会员具有如下权利和义务:

第一、自愿申请加入协会,允许自由解除会员身份。

55

第二、积极参加本协会每月组织的《如何使宝宝身强体健》的课程培训,按照《早期发展计划》《在家课程计划》具体要求训练自己孩子。

第三、积极参加双周院园组织的各种活动。

第四、积极主动与家教教师沟通联系,并接受指导。

第五、积极创设良好体能训练环境,确保孩子安全。

第六、不断改进体能训练方法,切实提高训练质量。

第七、接受检查评估考量,总结经验。

(五)《幼儿园与家庭合作教育规程》

《幼儿园与家庭合作教育规程》(此下简称规程)是在我国幼儿教育发展进入新的历史时期,为适应幼儿园教育变革发展的需要,为创立并实践合作教育新模式而制定的《规程》。根据《幼儿园工作规程》的要求,结合太阳幼儿园改革的成果和经验,吸收了国内外幼儿教育的新模式,对幼儿园与家庭合作教育的目的、任务、教育原则、早期体能训练等作出了具体的规定。《规程》更加关注如何促进每一个幼儿大脑健康发育;更加关注如何促进每一个幼儿体能训练使其变得身强体健;更加关注如何促进每一个幼儿在不同水平上的发展;更加关注如何促进为每一个幼儿创设安全温馨的训练环境;更加关注如何促进父母在合作教育中发挥主导作用。《规程》确保合作教育新模式得到优化;家庭教育在幼儿教育中的地位得到充分显现;父母在早期教育中作为第一任老师得到真正确立。在《规程》引领下,合作教育已走过 20 年的实践探索,有近万名家庭申请成为协会会员,有 6 000 多名幼儿接受早期体能训练毕业,完成了从 0 岁到 6 岁幼儿阶段的教育。这一崭新的合作教育模式充分显示旺盛的生命力,受到社会和家庭广泛赞誉。正如著名幼儿教育家爱伦

·凯在《儿童的世界》中所说,教育所担负的任务就是要为孩子创造一个特质的和精神的美妙世界,让他们能在其中茁壮成长。

（六）《早期教育发展计划》

·《早期教育发展计划》是针对 0～6 岁幼儿体能训练制定的。它是早期教育训练大纲。大纲的基本要素包括目标、内容、方法、手段、组织和评价。具体内容本书将详细介绍。

·《在家早教训练计划》。这是为父母在家中对孩子进行早期训练而制订的。在家训练的基本要素包括阶段、目的、方法、要求和测评。

《在园早教训练计划》。这里为园亲子妈妈（老师）对园内幼儿在亲子健康乐园进行训练而制订的。在园计划的基本要素包括阶段、目的、方法、要求和测评。其中训练的重点是组织观摩训练活动和经验交流。

·《七日课程计划》。这是为会员父母制订的培训计划。会员父母培训由园内教师主讲。培训内容以孩子月龄体能发育为重点,讲述项目、目的、步骤和方法。父母通过培训回到家在训练孩子。父母培训一般每月培训 1 次。

·阳光国际成功学校。该学校是太阳幼儿园内设机构。它的任务是训练教育 5～7 岁大龄孩子。训练教育的内容包括:攀缘、平衡木、游泳、跑步、体操、舞蹈、唱歌、美术、算数、外语、写字、电脑等。为输送小学做准备。

五、幼儿体能智慧

在人类进入脑科学教育的世纪,你是否感受到我们每天都生活在许多奇迹中却不知赞美。不是我们不想看到奇迹,而是我们往往不明白能看到什么? 特别是那些我们天天都能看到的奇迹。人类的身体就是这样的奇迹。其中人的大脑就很神奇。本章将赞颂这奇迹,使大家了解其中的奥妙,并懂得如何给孩子一个成为身强体健的机会而不致白白浪费天赐的奇迹。下面介绍鲜为人知的奇迹。

首先从胚胎学而言。据一份研究报告证实:一个在母体 3~4 个月的胎儿就已经完全能够明白母亲的所思所想,对此你或许会感到惊讶,但这是事实。随着遗传学的研究与发展,人类已发现了一个令人惊叹的事实——决定人类智力并非大脑,而是细胞。一个体重 60 千克的人大概拥有 60 兆个细胞。除了极个别的例外,每个细胞都具有相同的基因。从最初的一个细胞(受精卵)渐渐地分裂成两个,两个又分裂成四个,经过无数次像这样的分裂后才形成人。据说每一个细胞都具有感知力,这样的分裂每天都在发生。一个正在怀孕的女性,看着她的手表走过一分钟,你知道这过去的 60 秒钟里发生了什么事情?就在这 60 秒时间里,她的胎儿脑细胞数量比 60 秒之前多了 2.2 万个。一个刚出生的新生儿小脑袋瓜的容量是国家档案局的 101倍。如果母亲对超声波诊断仪中呈现的婴儿说:"你动一下给妈妈看。"胎儿果然动了。如果母亲在怀孕期间能保持良好的情绪,充满爱心,胎儿会健康成长。可见,胎儿时期是人的一生中最聪明的阶段。

从肢体能力看。从宝宝呱呱落地的那一时刻起,他便迎来了周围所有人的关注。这样一个"小人儿"将来会成长为怎样的人呢?部分答案在他出生时就已经确定了。尽管当时没人知道这个答案具体是什么?能够使宝宝在今后的人生中变得出色的所有才能与天赋从出生时便蕴藏在他的体内,有待你去不断地挖掘与发现。

　　你可能还不知,宝宝来到这个世界就要应对诸多的挑战。随着出生后第一声啼哭,宝宝的肺部呼吸开始了。但在这之前,也就是宝宝还在妈妈肚子里时,是通过脐带从妈妈的血液中获取氧气的。而现在,宝宝的肺泡会立即开始扩张,肺部呼吸随即开始。此时此刻,他的身体必须瞬间从一个被水环绕的环境过渡到一个妈妈子宫外充满空气的环境中。同时,宝宝的血液不再流经脐带,而迅速进入独立的心肺循环路径。接踵而至的宝宝开始了与爸爸妈妈的交流。他依偎在妈妈怀里,小眼睛注视着妈妈,几分钟后便张开小嘴儿,寻觅着乳汁。睡觉时,宝宝的呼吸得非常快,大约40次/分钟。心率也很高——100～140/分钟。宝宝在这一阶段的成长速度比他以后人生中的任何阶段都快。比如,体重会在最初的半年里翻倍,1周岁时,体重通常会是出生时的三倍。

　　宝宝出生后最严重的挑战是冷休克。因此,保持体温恒定是保证所有体征正常运转的前提。在妈妈肚子里时,宝宝被保护在37℃左右的恒温环境中。而出生后,宝宝的体温就要自己负责了。然后小家伙至少要经过数周适应才能实现体内温度自动调节。

　　从感知觉发展看。宝宝的触觉在出生时刻就已发育成熟了。当宝爸宝妈将宝宝紧紧抱入怀中时就能感觉到,宝宝会非常愉快并且放松地对你的爱抚作出反应。

　　宝宝刚出生时,嗅觉和味觉虽然还没有发育得很成熟,但他已具备一些方面的能力了。出生7～8天后的宝宝就可以根据气味辨别出妈妈与陌生人了。

　　至于听觉,当宝宝还在妈妈的子宫里时就已经具备了。然而,宝宝刚出生时,他的听觉往往会短时间内有所弱化。弱化的原因之一在于,出生前后声音的传递介质有所变化。宝宝出生前,声音是通过羊水传递的,而出生之后,声音是通过空气传递的;另一个原因在于宝宝出生后,耳道通常会被羊水坏死的皮肤细胞堵塞,但这些堵塞物会很快消失。几周后你会惊喜地发现;当你和宝宝说话时,他会立刻转过头来看你,当他听到一种特殊声音时,他会冷不丁地吓一跳。

曾经在很长一段时间人们都认为,刚出生的宝宝是看不见任何东西的。这种说法是错误的。虽然新生儿由于视网膜和眼球没有无安全发育好,起初视力会较弱,并且具有一定程度的远视。但是新生儿都奇怪的在短时间内用眼睛记录下一个物体或一张人脸的。当宝宝两个月大的时候,他的立体视觉会发育成熟,这时他可以自主的观察并记录周围的事物了。到 8 ~ 10 周大时,宝宝就能辨别颜色,而且还会明确表达出对颜色事物的偏爱。甚至当他突然看到刺眼的光时,他会眯起小眼睛,露出不愉快的表情。

从大脑功能看。宝宝刚出生时,脑内的所有神经细胞都已初具雏形,并且一切重要的连接也已经形成。例如,从骨髓到各个器官和肌肉之间的连接,从感觉器官到中枢神经系统之间的连接等。但是,这并不意味着神经系统已经发育成熟,如各个神经细胞之间的细小连接就还没有连接好,而这些细小的连接对宝宝今后的思维灵敏度与动作协调度的发展影响重大。宝宝出生后的头两年是这些细小连接发育的高峰期,通常到了第三年,所有的连接都会发育成熟。

从生存能力看。宝宝呱呱落地的头 3 个月里,他最需要的莫过于:充足的食粮、良好的睡眠、适当的活动、清新的空气、父母的关爱和脑力开发。起初,也许你还不知所措,不能准确地搞清楚宝宝到底要什么。但至少有一件事你完全不必担心,每当宝宝有需求时,他一定会让你立刻察觉到,因为它有一种与生俱来的能力——随时随地感知并表达自己的需求。比如用小手去抓奶瓶,有时抬起小手,有时蹬蹬小腿,有时大声哭闹。3 个月大以后,再听宝宝的哭闹时,宝爸宝妈就已经可以准确地判断出宝宝到底需要什么了。随着宝宝逐渐长大,他的哭声也变得越来越多样,他表达不满意和真正生气的哭声是不一样的,感到疼痛时的哭声又是另一样,就连饿了或是想要换尿布,都会用不同的哭声来向你表达。

　　从语言发展看。语言发展最早是如何开始的? 当胎儿在妈妈子宫里能听到母亲的声音和周围环境中的语言时,语言发展就开始了。出生仅 4 天的婴儿就能分辨出不同人说的话。他对熟悉的人的语言表现出偏爱,与听到陌生人的说话声相比,当他听到熟悉的人的说话声时,他会用力地吸吮奶嘴。出生 4 周时,就可以发出一些轻微的嘟囔声了。如小小的欢呼声、轻轻地扑哧声。2 个月,婴儿发出一系列母亲能辨别出有意义的声音,如喃喃细语、不高兴、哭闹、笑等。3 ~ 6 个月,出现了诸如尖叫声、低声哼哼、元音发音等声音。父母注意婴儿正在看的东西并用语言说出孩子看到的是什么;6 ~ 10 个月,出现了咿咿呀呀这样的重复音节的声音。为了交流而使用"用手来指东西"等手势语言,咿咿呀呀生开始成为婴儿语言的一部分;10 ~ 12 个月,婴儿能理解简单的词语。他的说话声在音调上更接近于成年人的语调了。13 个月,孩子开始说话了。词汇在稳步增加,单词句出现,他使用一个单词来表达自己的意思。孩子的接受性语言大于表达性词汇,意思是他理解的词汇比他们能说出和表达的词汇要多;13 ~ 18 个月,用在单词句中表达意思的词汇继续增加;18 个月,词汇迅速增加;21 个月,在说话时能把两个词语连起来了。电报式的语言出现了,因为孩子主要使用类似电报中使用的那些高度浓缩型词语。词汇继续迅速增加。孩子开始理解语法规则了;24 个月,已经掌握大约 200 个单词的词汇量。双语家庭环境中成长的孩子在 18 个月大之前就开始从两种不同语言中学习词汇。

诺姆·乔姆斯基认为,即便是低能幼儿也能自己进行语言学习,他的理论被称为"生成理论"。因为每个幼儿都具有内在的语言学习的能力,每个幼儿都有一个内在的语言学习的生理性系统,他将这个系统称之为"语言获得装置"。乔姆斯基还认为,内在的"语言获得装置"包含一套适用于各种语言规则,幼儿可以利用这些通用的规则去理解自己文化中的语言规则。

从动作能力看。婴儿从出生起就开始表现动作能力了。他仰卧在床上时,不自觉的活动一下小腿,抬起小手,用身体部位看、碰、吸来尝试反射性活动。进入 2 个月时,你会惊奇地发现整个身体有移动的表现;4 个月时,宝宝最大的乐趣就是不断地挑战自己的肌肉。他学会了抓握和玩玩具。趴在床上时,他会不时地向上伸出小胳膊,蹬起小腿儿,小脑袋也一个劲儿地往上抬,这时,你会看到他正规律地坐着"游泳动作",整个小身体靠肚皮支撑,在床上晃来晃去。如你试着在宝宝平躺时向上拉他的两只小手时,宝宝的小脑袋也会跟着一起向上抬。当你双手握住宝宝的腰,让他保持站立姿势时,他会用力蹬着两条小腿,试图站稳。站立标志学习走路的开始。到 3~5 个月,宝宝就很少会再做"游泳动作"了,因为这个时候他已经用胳膊稍稍支起自己的身子了,而且小脑袋也可以抬得很高了。抬起脑袋之后,宝宝眼前的世界变得更宽阔了,宝宝的小腿就像结实的小柱子似得保持站立姿势,牢牢地撑起全身的重量。6个月时,宝宝的动作能力取得许多重大进步。如刚出生时的新生儿条件反射——无意识地抓握已彻底消失了。相应的有意识地主动抓握已经发展得很好了,他已经可以自己把玩具从一只手递到另一只手了,被妈妈扶着时,双腿开始尝试站立。他俯卧时,开始学会用双手撑地。7个月至9个月时,宝宝又多了一个新玩具——开始喜欢玩脚、学会自己翻身、学会用指尖捏东西、学会借助臂肘爬行,尝试扶着家具站起来,10个月至12个月时,开始学会爬行;能够自己坐起来,扶着家具,可以从"四足鼎立"的状态站起来;开始熟练爬行;可以短时间维持坐姿;扶着家具可以前行几步;小手像小钳子一样去捏细小东西;全力学会走路。

人类潜能发展研究中心证实,婴儿从10月怀胎到来到人世之后的72个月所表现超级动作能力,我们称为体能智慧源于人的大脑所制造的人类种种奇迹,都无可争辩的归结为人的智慧。无论是天赋、还是天生都是大脑给予的恩赐。动作能力与智力有着与生俱来的密不可分的关系。该中心在对大脑潜能深入研究中发现了有别于其他生物的6个方面的主要功能,这6个功能是大脑皮质系统所产生的特有功能。其中3个是动作方面的功能,另外3个是知觉功能。

人类3个独特动作功能是:

1.站立、走、跑、跳并协调动作中的腿和臂交叉摆动功能。

2.创造出来的、有符号声音并且是多数人一致使用的语言(如汉语、英语、日语等)。

3.创造出来的、有符号、能发声并且是多数人一致使用的语言文字(如汉语、英语、日语等)。

人类3个独特的知觉功能是:

4.能看到创造出来的、有符号的、能发声并且是多数人一致使用的语言。

5.能听到创造出来的、有符号的、能发声并且多数人一致使用的语言

6.能不借助看、闻、尝的功能区触摸辨别物体。

以上6中功能只有人类才会具有,这是因为人类大脑皮质有别于其他生物的脑之故。

如果从精神学而言,实际可视为6个方面体能检测项目:

1.活动能力(走路);2.语言能力(说话);3.操作能力(写字);4.视力(读与视物理解);5.听力(听与理解);6.触觉能力(感觉与理解)。

研究中心认为,6种能力是评估人性的精髓,甚至还能评估人性的等级。仅就早期教育而言,若如果一个幼儿在幼儿园里对6种能力有较好的表现,他就能与同伴和睦相处;如果一个幼儿在幼儿园里对6种能力表现次佳,他只好去特殊教育学校去了,在儿童特殊教育学校你会看到6岁都不会走路的孩子(运动觉障碍);在儿童特殊教育学校你会看到不会说话的孩子(语言能力障碍);在儿童特殊学校你会看到不会用手的孩子(触觉及肌肉能力障碍);在儿童特殊教育学校你会看到双目失明的孩子(视觉障碍);在儿童特殊教育学校你会看到听不见对方说话的孩子(听觉障碍);世上少有知觉完全丧失的孩子,这样的孩子是全身麻痹的人(知觉障碍)。

研究中心还认为,就通常而言,不能对0~6岁的孩子进行6项智能评估。因为孩子大脑发育到6岁时才算基本完成,所以此间对孩子的评估是不科学的。但在现实中,确有少数孩子由于某一项智能发育较快,具有超前表现的情况,如一个6个月

的孩子就能站立平稳走路;又如 3 岁的孩子双语习得十分出色等。出现这类特殊表现,主要是因为他们的智商较高的缘故。

研究中心发现:在大脑发育 7 个生命阶段中,人体 6 种智能也都孕育其中。但在人类 6 种智能中最先表现的是动作智能。然而让人们感到惊奇的是这 6 种智能的形成和功能却与遗传无关。这就是说,人类智能完全可以后天培养和训练的。进而表明,每个宝宝都有可能因父母愿意教他身强体健之道,也能培养出超人的动作智能,人类特殊的 6 项智能虽然是相对独立的,有区别的个体,但它们之间在大脑 7 个阶段发展中又具有高度的关联性和依存性,在人的生命中,这 6 项智能是缺一不可的。为了有助于了解共同的关系,绘制了一个园形图标。请见图 1-7:

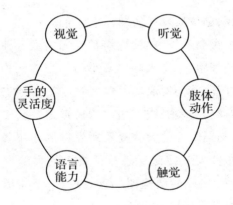

图 1-7　伴随生命始终的 6 项智能

六、体能智慧训练指要

根据人类大脑正常生长发育研究成果,将早教幼儿体能训练的步骤具体划分为 7 个不同阶段:

阶段Ⅰ:延脑

延脑位于脑的最末端,是承下连接脊髓承上连接桥脑的脑组织。在彩页里的图表上,延脑绘制红色,它所调控的功能也在红色栏目中注明。

·阶段Ⅱ:桥脑

桥脑是将延脑和中脑连接起来的脑组织,桥脑中有许多神经纤维组织起到很好的连接作用。在彩页图表上,桥脑绘制成橘色,它所调控的功能也注明其中。

·阶段Ⅲ:中脑

中脑是将桥脑与大脑皮质连接起来的脑组织,它位于桥脑与大脑皮质之间,在彩页图表上,中脑绘制成黄色,它所调控功能注明在其中。

·阶段Ⅳ:脑皮质发展初期

脑皮质是大脑最外表层,它由神经元组成。神经元是神经系统中的神经细胞,它是大脑中最小的细胞单元构成。如果将人的头盖骨打开,就会发现其中有两个类似碗状的东西,这就是人的左脑和右脑,其表面被大脑皮质所覆盖。脑皮质占据大脑的绝大部分,不同部位的大脑皮质所发挥的作用各不相同。著名解剖学家布罗德曼按照形态特征将人的大脑皮质依次分为52区,并绘制了相应的结构图。直到现在,该图形被广泛地应用于脑科学的各种研究当中。

大脑的各个部位均有着自己相应的作用,它们之间有着层次性的联系,且有机地作用于外界。在各种不同的刺激之下,它们之间的联系变得更加紧密。基于人类进化论理论和早期幼儿体能训练发展,将脑皮质分成四个功能性阶段。为了清楚说明,将四个功能性阶段绘制图表中。

在彩页图表中,脑皮质发展(初期)绘成绿色,它所调控的功能也注明在其中。

·阶段Ⅴ:脑皮质发展早期

在彩页图标上,脑皮质发展(早期)绘成蓝色,它所调控的功能也注明在其中,这些功能是古人类最重要的几项功能。

·阶段Ⅵ:脑皮质发展——基础期(中期)

在彩页图表上,脑皮质发展——基础期(中期)绘制成靛色,它所调控的功能也注明在其中。这些功能是人类早期最重要的几项功能。

·阶段Ⅶ:脑皮质发展——复杂期(晚期)

在彩页图表上,脑皮质发展——复杂期(晚期)绘制成紫色,它所调控的功能也注明在其中。这些功能是现代人类最重要的几种能力。

通常地说,大脑发育的7个阶段符合幼儿0~6岁早期体能训练递进式发展特点,科学的不断刺激大脑皮质各功能区协调健康发育。

·概述要点

依据脑科学研究成果,针对常态下一个幼儿伴随年龄的增长,通过科学的体能训练,刺激大脑6个生命独特功能健康发展,让每一个孩子都身强体健,特设计了《大脑功能评估表》,其内容要点是:

1.人脑连续发展阶段。

2.分别在42个格子中的脑功能测评。

3.分别用彩虹的7个颜色区分脑阶段与脑功能。

4.大脑功能评估表说明。

《大脑功能评估表》中顺序表示0~6岁体能训练7个不同

阶段,用罗马数字标注;名称:新生儿月龄 2.5 个月大;婴儿 2.5 个月大至 7 个月大;宝宝 7 个月大至 12 个月大;宝宝 12 个月大至 18 个月大;宝宝 18 个月大至 36 个月大;宝宝 36 个月大至 72 个月大;宝宝 72 个月大。宝宝 12 个月大以后统称为幼儿。大脑发育阶段是指正常孩子的大脑发育。人类 6 种功能包括知觉、听觉、阅读、写字、说话、走路。6 种功能也称体能智慧。

5. 评估方法

依据孩子在 6 种功能中任意一个时间段的实际表现进行评估,称为"神经发展阶段"评估。如,在阶段Ⅵ即脑皮质发展至基础期那一格中下方画一横线,这表示相当于一般正常孩子,此时应已会做 7 彩概述表中对应的表现了 。这条画线代表他的实际年龄为 36 个月大。为了便于注明,假设有 3 条从左至右的直线横跨表格,但不重叠。这代表三个孩子的神经发展年龄。

例 A 小孩的线正在阶段Ⅵ下方,表示他的神经发展年龄与生理年龄相符。他同其他同年龄的孩子没有什么不同。换句话说,他的智商恰为一百。

例 B 小孩的线正在阶段Ⅵ下方,表示他的神经发展年龄 18 月大,是生理年龄 36 个月大的一半。换句话说,他的智商恰为五十。

例 C 小孩的线正在阶段Ⅶ下方,表示他的神经发展年龄 72 个月大,为生理年龄 36 个月大的两倍。换句话说,他的智商恰为二百。

通过这个例子,三位母亲都明确地了解自己的孩子与其他同龄孩子的表现异同了。但如果仔细考量概述表就会明白,虽然每个阶段都被线条区分开来,但它们之间其实是相互关联的。

普通孩子的功能受延脑控制的时间约有两个半月;由桥脑

控制的时间约四个半月;受中脑控制的时间约五个月,受脑皮质发展初期控制的时间约六个月;受脑皮质发展早期控制的时间约十八个月;受脑皮质发展基础期控制的时间约三十六个月;受脑皮质发展复杂期控制的时间伴随他的终生。值得提出的事,当孩子进入一个新的功能领域时,即表示他的大脑功能已发展到下一个更高的阶段,而原主控较低层次的脑仍控制先前的功能。这就是说,当他完成下一项脑功能时不会丧失原有的功能。举例来说,一个能以交叉型走路(阶段Ⅵ)的孩子仍保留原有爬行的能力(阶段Ⅱ)。以上说明的是动作智力的考量方法。

表1-1　大脑功能评估表

顺序	名称	0-6岁成长期划分(月)	大脑发育阶段	人类六种功能					
				知觉	听觉	阅读	写字	说话	走路
Ⅶ	宝宝	72个月	脑皮质发展:复亲期(晚期)						
Ⅵ	宝宝	36个月	脑皮质发展:基础(中期)						
Ⅴ	宝宝	18个月	脑皮质发展:早期						
Ⅳ	宝宝	12个月	脑皮质发展:初期						
Ⅲ	宝宝	7个月	脑皮质发展:中脑						
Ⅱ	婴儿	2.5个月	桥脑						
Ⅰ	婴儿	出生	延脑与脊髓						

表 1−2 大脑功能评估表

	阶段	视觉	听觉	触觉	肢体动作	语言能力	手的灵活度	
72 个月儿童"C"	Ⅶ							N. A
36 个月儿童"A" "A""B""C"	Ⅵ							N. A C. A
18 个月儿童"B"	Ⅴ							N. A
12 个月	Ⅳ							
7 个月	Ⅲ							
2.5 个月	Ⅱ							
1 个月出生	Ⅰ							

　　动作智力考量结果告诉:连续不同时间段评估宝宝的动作智力,可以了解他的生长发育是否正常,了解他的动作智力属于一般、高于平均或低于平均三个档次。更重要的是,在全面了解评估内容、步骤、方法之后,便可以探索如何使宝宝身强体健。

七、成功的期待——身强体健

　　为人父母都希望自己的宝宝身强体健。要实现这样的目标,必须做到:保证他在 7 个阶段脑发育过程中,给予足够充分的机会去学习好玩的事情;保证他在成长的旅程中不浪费分毫时间;保证按本书告诉你的方法去做。在详细说明之前,先概括的看看宝宝从出生到 6 岁大脑发育完成的冒险旅程经过哪些地方。

本书 7 彩图表就是一张旅行地图,它有可能到达的目的地是:

他可能是一个平凡的旅程,就是在 6 年中的正常机会做了那时该做的事情。他在 72 个月大时进入阶段Ⅶ(并在 84 个月大时仍在旅途),留下余生中因其他需求才去做滑雪或登山等非一般生理功能的动作。他后来再学其他动作所花的时间、动作的困难度,技巧灵敏度等都取决于他 6 岁时体能智慧的高、中、低训练程度。

他可能是一个留有遗憾的旅程。因父母缺乏知识或其他环境因素而表现不佳,他接受的刺激不足导致他用较长时间才能完成一般的标准。若一直这样下去,到他 6 岁时还无法完成正常的生理能力要求。当他成人后,如果非得去学某项运动,可能会学得很艰苦,其成就斐然。他不大可能当一名运动员或精于运动的人,他会尽量回避运动。

他可能是一个十分完美旅程。他在规定正常时间内提前完成所有的旅程。果真如此,他一生都不会为运动所苦。哪怕成人后再学习潜水、跳降落伞、跑马拉松都不会有问题。因为他 5 岁时便已具备做相关项目运动的能力了,他爱所有的运动。如何知道他的旅程一路顺畅呢?答案只有一个,看他有多少机会。这个机会就是父母尽量在他每一个脑发育阶段不同训练项目上,提供对动作能力、操作能力与平衡能力有帮助的机会,同时避免阻碍或影响他发展的事情发生。父母能在这段旅程中正确而详细地评估孩子的体能智慧。与此同时,父母在整个旅程中始终没有缺席。

第二篇
早教体能智慧
——训练

第三章 延脑训练(阶段Ⅰ)

一、新生儿仰卧还是腹卧

新生儿仰卧还是腹卧训练,这是一个有争议的问题。传统的做法是所有的新生儿大多数时间都是仰卧在某些东西上面。这些东西是婴儿床、婴儿椅、学步车、秋千椅、婴儿推车等。这些东西或多或少都会限制宝宝的活动,有点儿像监狱似的。这些限制宝宝的活动范围还不是最重的。让新生儿仰躺面对天花板其实是使他的身体颠倒过来了,这种姿势使他陷入完全无助的困境。一些原始的错误造成限制宝宝活动的问题,至今不但没有纠正,反而错误接踵而来。在大多数家庭中宝宝大部分清醒时间都是被放成仰卧的姿势,这是人类唯一犯这种错误的生物。

在医院的婴儿室里最客观看到这种情形。新生儿都仰卧在小床中,小手小腿无所适从的胡乱舞动。如果他的手指长的话,就可能会抓伤自己的脸,甚至眼睛,大自然不会做这样的安排。那应该会怎样呢?答案很简单,因为他的姿势不对。把宝宝给倒过来了,就像一辆全新但是翻过来的宝马汽车一样无助。

人们为什么会犯这样的错误呢?不妨了解婴儿室的护士吧。他们会告诉你,这样让宝宝躺着的话,他们只需往婴儿室里瞄一眼就知道宝宝有没有呼吸?他们为什么会不呼吸呢?这都是原始的错误所造成的。什么是原始的错误呢?

宝宝呱呱落地一瞬间,离开了原在母体生活九个月的体温高达100°(华氏)的适宜环境,而现在让宝宝生活室温70°(华氏)的新环境,并且认为这是适宜的环境,这就出现了原始错误!为了让宝宝在一个舒适温室中生活,必须加盖被子将他包起来,以保持体温。这种做法让情况变得更复杂了,因为这种包在宝宝全身上的棉被有可能令他窒息。此时仰卧朝天是一个典型的无助姿势,也是一个很脆弱的姿势。

我们如何改变这种无助的姿势?这就看育婴房的真正含义。从工作的角度看,育婴房代表护士的工作间,那么目前的状况是对的,并且应继续保持下去。从人本的角度看,育婴房代表新生儿的房间,那么这个房间就应以他们为主,一切都要适合宝宝才是。

一个标准的育婴房室温至少应达到37摄氏度,这样才能更符合新生儿的自然状态。他们的皮肤不会干燥,也不会被棉被和毯子所束缚,可以在正常的姿势下,也就是俯卧的姿势练习各种动作,这样做会让宝宝更快乐轻松,变成更有活力。人类唯一保持颠倒状态的就是可爱的宝宝,难道你见过小斑马、小牛、小狗和小猫四角朝天背靠地躺着的吗?

如果你不希望前述例子宝宝抓自己的眼睛,如果你不再以被教育者身份,如果你不再受限于原始的教条,在宝宝一出生的时候就开始明智的对待他,在俯卧的姿势下活动,你会看到如下情景:

他柔软的小肚皮有平坦光滑的地板在保护;他的背侧有骨骼强有力在支撑;他将自己的身体向前移动变成爬行动作,他的小手和小脚丫的运动变得如此的强而有力;他的小脑袋自然地抬起来往前看。这就像见到一只四腿朝天的乌龟,在用力拍打自己的四肢时,将它翻正过来一样的自然合理。

　　我在基层幼儿园调研时,一位鄂伦春族幼儿教师讲述了这样一个发人深省的故事:

　　在我接触的鄂伦春族群里,对她们而言,在游牧中妇女怀孕生小孩是很正常普通的事。在狩猎的行程中所盖的圆顶雪屋都很温暖。当母亲要分娩时,都会在雪屋里,同时采用跪姿,宝宝则出生在温暖的兽皮地毯上。我国许多游牧民族的妇女采用跪姿,蹲姿或者坐姿,跨坐在吊床上的分娩方式,这是更为合理的分娩姿势。因为所谓的"文明"的姿势是仰卧而将双腿举起,是非常痛苦的,同时对母亲和宝宝都更困难。这个姿势阻碍了帮助分娩所需要的肌肉运动,而且摒除了重力的帮助。

　　改革开放之后,我们坚决阻止这种原始的方式,并要求鄂伦春族妇女在国家为我们建造的医院中以文明的方式分娩。鄂伦春族妇女非常勉强的同意在医院中分娩,但她们绝对坚持当分娩时新生儿赤裸而且俯卧在她们的臀部——此时新生儿会找到他母亲的身体,而且经由爬行,他可以找到母亲的胸部,并且可以喂食。

　　据妇产医院医生讲,小婴儿约两个月大才开始爬行,我们或许可以推论,鄂伦春族的新生儿是先天比其他新生儿要优越,或者可以推论,我们这些非鄂伦春族的人种,否定了小宝宝早一点运动的机会。因为新生儿被一层层的包缠阻止他们的运动,因为将新生儿置于婴儿篮,婴儿床或者围栏之中;因为将新生儿完全颠倒过来,使他们无法做任何动作,所以应该为宝宝建立一个理想的运动空间,并随着他的运动能力不断进展而有所调整。至于怎么做则在后面的章节中有详细的说明。

二、动作能力:手臂与腿的活动

　　等级:新生儿

77

脑阶段：延脑

表格颜色：红色

功能：移动手和腿但没有身体的移动

平均年龄：刚出生的新生儿

说明：从出生时开始直到约两个半月大，新生儿在置于俯卧的姿势时可以移动手和腿。但无法将自己从 A 点移动至 B 点。他本身虽有一些轻微活动，但不能明显构成动作。

目的：强化肢体反射，期间，新生儿缺乏对肢体的控制能力，移动手和腿完全依赖于原始反射，将无动作能力的移动变成更加随意性，为将来的爬行做准备。促进延脑发育，通过原始反射的手腿移动，刺激大脑功能快速发展。为下阶段控制中枢桥脑奠定基础。

当新生儿肚皮朝下放在地板上的时候，几乎立即就会开始手臂和腿无目的活动。这些反射性的活动引起手和腿屈曲和伸展，进而造成手和腿的移动，不可避免地发现他在用手和脚同地板摩擦，经过日复一日的训练后，他将逐渐调整手臂和腿的动作，自然而然的尝试向前，向后、向左或向右的动作。他同时也情不自禁地抬起小脑袋和眼睛目视前方，很快他就学会把自己身体前移的感悟。正常情况下 10 周大左右反射动作开始逐渐消失，标志新生儿将完成体能训练第一堂入门课程，他可以进入阶段Ⅱ了。与此同时，由新生儿期进入婴儿期。

训练实践使我们看到，有的新生儿感悟知觉发育迅速，快速地完成了这个阶段的训练，并且知道所有可以学习的东西。说明这些新生儿有较高的动作智慧。有的新生儿由于视觉、触觉发育缓慢，训练效果欠佳。说明这些新生儿动作智慧偏低一些。为什么同样的新生儿会造成如此明显的差异呢？

（一）大脑因刺激而成长

大脑的健康发育是因为各种各样刺激所造成的结果,在某一段时间对感觉功能和运动能力刺激的越多,那么控制动作的大脑就会发育得越快。大脑因使用而发育状况就和肌肉随锻炼而发育一样。英国一位名为费里尔的神经内科医生的实验证明这个叙述是正确的。他在研究中与数以千计的孩子进行规定性的实验,证实与在动物身上发生的实验结果是基本相同的。他认为,大脑之所以因刺激而发育是因为大脑功能决定了大脑的结构。正如因缺乏功能会导致结构缺损一样。新生儿学会从无目的反射性活动逐渐向有意识控制的手和腿移动。他还认为,手和腿的移动速度决定肌肉系统发展的速度和完整性,决定大脑感官系统和运动区域的发育和速度。

著名神经生理学专家戴维·休伯尔和托斯坦·威赛尔因为在大脑方面两个重要发现获得了诺贝尔生理医学奖。这两项重要发现如下:

1. 感官所获得的体验在教会脑细胞如何工作方面发挥着重要作用,大脑因刺激而发育。

2. 一旦过了幼儿期,脑细胞会逐渐失去学习的功能。

托斯坦·威赛尔哈佛大学教授,也是洛克菲勒大学前任校长。他是这样评价上述发现的:这是非常重要的发现,人们大脑自受孕起就以惊人的速度发育着;出生到 3 个月大则以极高的速度成长;3 个月大到 6 岁以高速发展。在此之后速度就非常缓慢了。在这期间,孩子必须在充满视觉、听觉等多种刺激的环境中度过。也就是说,使用大脑神经细胞的次数越多,所形成的突触数量也就越多。当这些突触的链接不断趋于密集时,说明此时的大脑正处于一种活跃状态。因此,从婴儿出生那一刻起,我们就需要给予他各种刺激。

当突触的形成达到顶点时，频繁地使用会让它们更好地工作，否则它们的功能就得不到充分的发挥。例如，在婴儿出生之后，如果让他们眼睛一直处于看不见东西的状态，那么长大以后，他的眼睛就无法看到周围的事物了，因为在此过程中他的视觉神经网络因没有刺激就根本无法形成。如果一个婴儿在出生之前就患有角膜浑浊等视力障碍的话，即使在出生后 5 个月左右接受手术，之后他所看到的事物也只能仅限于模糊不清的状态。因此，如遇到这样的情况时，一般都是选择在婴儿出生之后马上进行手术治疗。

对于父母来说，如何给新生儿创造最好的机会，让他在最早充分的环境下培养其动作能力呢？

如果在新生儿的阶段，爸爸妈妈坚持不懈地将他放在地板上自由活动，你会十分高兴地看到奇迹几乎天天发生。宝宝小脑袋、一双小眼睛、小手臂、小腿都在变化，学习游泳的姿势慢慢地显现。由于日复一日的训练，他手臂和小腿就越显得有劲。到 6～8 周时，就学会爬行了。

凯西雅是位专门研究宝宝体能训练的先驱。他早前就曾说过，地板是小孩子的最好运动场，地板可以让孩子体能智慧得到充分发展。他主张将宝宝 24 小时都放在地板上没有什么不对。在实践研究中，鼓励所有的母亲在分娩时，或在家中，或在医院，让医生或助产士预先安排好，当宝宝出生的那一时刻，把赤裸裸的小婴儿放在母亲光溜溜的肚皮上移动，并慢慢地找到妈妈的胸部。让千百万伟大的母亲们直接感悟爱的喜悦。

他在实践研究中还惊奇地发现，妈妈在怀孕 8 周后，胚胎已分化手和脚了，开始挥动他的小手和小脚"畅游"子宫。4 个多月时,渐渐感受到胎儿在子宫里的动作,乃至到后来抱怨宝宝在踢打妈妈。此时,父母们都爱将手放在肚子上,感受宝宝的动作,就好像他在说"让我出来"。这些在子宫里手脚活动到出生时已经训练 7 个月了,它是由肌肉系统,结构系统和神经系统支配的结果,为出生后具有持续不断的条件反射移动能力奠定了坚实的基础。

动作能力训练要求:频率、强度、持续时间。

频率:表示活动的次数

强度:表示在动作上活动的距离;表示在操作上能负荷多少重量;表示在心理状态上活动时表现的状态。

每次时间:表示每次活动时持续的时间。

因宝宝处在新生儿快速发展阶段,所以训练时要因人、因体、因环境而宜。只要把握频率、强度、时间要求,持之以恒地坚持,一个强健体能的宝宝将出现在你的面前。

(二)动作合格课程计划—成功的要素

1. 要确保安全。这是实施动作合格课程计划的根本保障。出生后的头两个半月,新生儿的动作能力被描述为条件反射。他的动作是无目的,没有自我保护意识。为了新生儿的安全,父母要对创建的环境安全必须严格管理,对一切影响、干扰、不利动作活动不安全因素,如开放的电源、家具上的摆设、小件物品摆放等要全部撤除,给新生儿一个宽敞平安的环境。

2. 要确保环境卫生。这是新生儿动作活动的重要前提,要保持室内空气清新,避免用刺激皮肤的消毒剂,根除吸烟、油烟气味。地板洁净要用无毒、无味的消毒剂就可以了。

3. 要确保室内温度。这是新生儿动作活动的重要保证。一般情况室内温度要保持在 37℃ 为宜。北方的冬天因气温很低,门窗要关闭。如室内温度偏低可用电暖气升温。千万不要用棉被或毛毯等衣物保暖,甚至影响动作活动。

4. 要确保地板平滑。这是新生儿动作活动的重要场地。地板质量挑选非常重要,无味、无害、平整、光滑的环保地板对新生儿的皮肤无刺激,减少与身体的摩擦力,具有皮肤般的触感,有利于新生儿身体因条件反射性的惯性而产生的缓慢滑动,减少体能的消耗,尽快完成无意识移动向有意识动作活动过渡。有条件的家庭可以在地板上面铺柔软的地毯或聚醛地板,这不仅具有加厚保暖的作用,而且还具有足够的柔软度和舒适度,激发新生儿的强烈兴趣,让宝宝在自由自在的空间里活动。

一个相当理想的,富有新鲜感的活动方式,婴儿爬行道正等待尝试。

(三)婴儿爬行道

婴儿爬行道是上世纪 20 年代由美国幼儿教育专家罗姆斯特提出来的,起始于美国费城蒙棱利特妇产医院。该医院坐落在市中心广场南侧环境幽美的公园内,是美国规模最大,设施最先进,办院理念最具特色的现代化妇产医院。内设高级产妇房400 多间。其中特别值得一提的是,每个产妇房平均面积 300平方米,设施有特制妈妈——婴儿爬行道、护士监护室、婴儿营养配餐室、小型游泳池、音响设施、健身器材及各种早教书籍等。

新生儿出生后,美国的妈妈们就是用特制的床开始训练。美国妈妈介绍说,最初几天,宝宝还不大适应充满神奇的爬行道,时而你会看到小小的身体斜在爬行道上。一周后,斜在爬行道上现象不再出现了,因为他的两只小腿可借助爬行道边缘矫正自己的身体了。这是宝宝非常有趣的动作活动。20 世纪 30年代初,婴儿爬行道床很快在发达国家普及。

改革开放以来,在我国由于受到传统养育观念的影响,婴儿爬行道床只在比较开放的前沿城市妇产医院中增设了这种设施,成为对新生儿动作能力训练的一种工具。

现代婴儿爬行道床已打破传统的老式结构,经过科学设计更为人性化,更为合理,更为适用。爬行道表面用细毛绒、柔软、光滑、灭菌的地毯包装。爬行道两侧标有刻度,便于了解宝宝动作能力发展变化情况。由于爬行道围绕大床四周形成连体,妈妈在床上随时可以观察宝宝的动作表现,并施以安全保护。

幼儿教育专家对婴儿爬行道作出如下评价:有利于父母身临其境地亲眼观察婴儿在爬行道移动的感人情景,从而增强父母训练的决心;有利于改善环境空间的局限,可以创设更多的训练机会;有利于安全保护,爬行道两侧是一道保护屏障;有利于利用有倾斜度的爬行道减少摩擦力向前移动。抓住新生儿两个半月的关键期,只要坚持爬行道训练,父母们会惊喜地看到一个小生命自我学习的能力。但遗憾的是,至今有的父母对新生儿早期动作活动训练缺乏正确认识。有的父母认为,孩子一出生太小了,训练爬行没有必要;还有的父母认为,爬行道训练不安全,一旦照顾不到,容易受伤害等等。早教专家告诫:早期教育缺失,必将给孩子造成一生中不可挽回的影响。究其责任就是父母。

多年的训练实践表明,婴儿爬行道是根据新生儿成长发育的演进情况,为促进宝宝较早学会爬行,刺激大脑感官神经系统突触细胞更快形成信息连接而设计的。训练从出生就要开始。机会越多,学会爬行能力就越快;训练越得法,成效就越显著。

(四)睡在地板上

曾有位妈妈说,新生儿在睡觉时还能动作活动,这是一个不容怀疑的事实。只要注意观察就不难发现,宝宝前一天睡在爬行道正中间,第二天果真发现小小身体向前挪动的现象,这种现象被称为"夜爬行"。早教专家解释说,新生儿时期,每天大部分时间是在睡眠中度过的,而无意识的条件反射无论是睡前、睡后还是睡中都时时可以发生,它是受大脑运动神经支配的。实际上,新生儿睡眠是一种特殊的运动,这种运动一直延续到条件反射功能停止。

近些年来,有越来越多的年轻父母把他们的床垫和宝宝的爬行道一起摆放在地板上,并都睡在地板上。其好处是能为宝宝创造更多的学习机会;能更仔细地观察宝宝活动;能更方便的施以照顾。

为了宝宝的肢体更灵活,在训练时,应该如何穿着呢?如果穿上长一点的衣服会增加负担,手和脚活动时很受束缚。因此宝宝穿的衣服要简装上阵,理想的着装是一块尿不湿和一件短袖衫就完全可以了。这样宝宝的手和脚始终处于开放状态,可以凭借小肚皮的韧性和平滑的地面摩擦,加上下肢膝盖和脚紧抵地板,构成了一种合力,在地板上慢慢地滑动。这就是婴儿爬行道功能的魅力,在宝宝的努力下,创造的人类奇迹。

(五)暂时成为日本人

有关地板环境的创设你已花费了很多的精力。现在是万事俱备,爸爸妈妈下一步应当怎样做呢?宝宝面对地板的心态,其实就是爸妈心态的小写照!

如果你觉得地板是个奇异而外来的东西,那么宝宝也会觉得这地板也奇异和陌生;如果宝宝当他知道在地板上时,爸妈却消失不见,他将会感到孤独和失望。因为你们是宝宝生活的一切,爱、温暖、滋养品、保护、幸福和资讯的来源。当宝宝在地板上时,爸妈也应在那陪伴。你不能期望你不喜欢的东西他会喜爱。请你同宝宝在一起,暂时当个日本人吧! 日常的吃饭、睡觉、玩乐、训练等都在地板上进行。如果你热心于将宝宝放在地板上,同时认为这是助他发展动作活动的最佳场地,那么宝宝也肯定会有同样想法的。

实践研究证明,宝宝条件反射性动作,足让他在地板上将自己身体向前移动。你会目睹他人生第一次完全靠自己的努力学会移动的感人场面。你应将宝宝拥入怀中,用双臂紧紧抱着他,并且亲一个吻,给他一个快乐的祝贺。这英雄式的功业,是他迈向动作发展的阶段的第一步。

但是,假如经过上述这番说明之后,你仍对将宝宝放在地板上感到不妥,那你绝对不应将宝宝放在地板上。

做父母的如果自己对做某件事感到不妥的话,那么这件事就不应加诸自己宝宝身上。如果对宝宝他不愿意做的事,绝对不能强迫去做。因为我们了解宝宝,这样做是行不通的。

宝宝是很聪明的,对他要给予足够的信任。他们知道什么时候妈妈觉得妥当,什么时候不妥。即使是新生儿也知道这一点。一旦爸妈不开心,他也会感到难过的。

假设你给宝宝机会去活动,但提供的是一个阻碍动作的环境,妥协于一张软床,或一块粗毛地毯的话,这只能是浪费宝贵的时间,同时也让宝宝误以为运动是一件多么困难的事啊?

假设你与绝大多数本书读者一样,对将宝宝放在地板上完全认同,并同时具备所有保证宝宝成功的要素:一个良好、温暖、柔软、平坦、光滑和安全的环境,一件短袖运动衫及尿不湿装扮宝宝,并趴下来与宝宝共同玩乐,你将会有一个美好的开始。再加上有助于成功的训练要点、频率、强度,持续时间。相信,你会得到满意的回报。一个理想的《在家早教计划》正准备帮助宝宝学会运动。

频率:建议每天至少 10 分钟在地板上活动,并不断地给予鼓励。

强度:可以在爬行道侧边做标记,用来观察宝宝移动情况。

每次时间:每天 24 小时都要在地板上或爬行道上,因为他睡觉时也在移动。

训练目的:让宝宝不间断地在地板或爬行道移动 2～3 尺。

(六)体能训练小结

普天下的父母,无不希望自己的孩子拥有健康的身体以及聪明的大脑,此乃人之常情。你无须将这个"心思"想得太难实现,也不须过分勉力而为,只要你能创设良好、舒适、安全的环境,更多地给宝宝训练机会,那么,你的宝宝定可以迅速发展自己的动作能力,成为你期盼中的聪颖可爱、健康活泼的孩子。

出生后的两个半月是培养感官重要时期。从宝宝呱呱落地一刹那开始,就面临来自诸多方面的生存挑战:从一个被水环绕的环境过渡到一个充满阳光空气的环境中;从在妈妈肚子里被保护在 37℃ 的恒温的环境中过渡到一个开放、自由的自我调节体温的环境中;从整个身体被保护在妈妈子宫里并过着非常舒服的生活过渡到一个宽阔、明亮、温暖,可以自由活动的空间中。然而,一个严峻地挑战必须要学会爬行,这是宝宝出生后接受的第一堂训练课。宝宝通过训练刺激诱发他的智慧,这种由动作所带来的刺激,对宝宝而言,是非常重要的,想要让宝宝心悦诚服的接受这种动作和刺激,一定要先唤起他蠢蠢欲动兴趣。数周后,经过不断地反复训练,我们会高兴地看到,宝宝已经独立的向前移动 2～3 尺远了,这标志宝宝即将进入脑部成长的第二阶段了。

如果现在评估宝宝的动作智力,我们就依据他的移动能力同其他月龄的孩子进行比较,如果 5 周月龄大的宝宝动作能力与 10 周月龄大的孩子动作能力相同的话,那么,此时宝宝的动作智力达到 200,这是相当不错的表现。

父母是宝宝离不开的重要呵护人。刚出生的婴儿,举凡他一切生活所需,必需依赖母亲,否则就无法生存于世。当婴儿因饥饿或尿不湿潮湿产生不适感时,便会大声哭,这时母亲要尽快把引起婴儿不适感的一切因素消除。经过反复的经历后,婴儿会不由自主地把母亲和舒适的感觉连在一起,自然而然地对母亲产生信赖感和喜爱之情。

由于婴儿每天在母亲悉心温和的照顾下,心灵得到了滋润,情绪也获得了安定。于是,他开始注意周围的事物,以好奇的眼光和心态一点一滴地对广漠的世界伸出他的触角。在这之中,最能引起他注意的莫过于他最喜欢的母亲了。父母一定要设法提高婴儿小兴趣,使婴儿怀抱愉快的心情来学习能力范围的动作,父母必须配合婴儿的兴趣和能力以机动化的形态和婴儿共同训练。当婴儿表现出“我要动”的意图时,父母务必和婴儿一起沉醉在训练气氛之中。千万不要表现出“我不高兴”的表情和动作,如果这样宝宝会伤心的。期间,父母的陪伴和鼓励是极为重要的,对宝宝来说,父母就是他快乐的化身。

但是,这些训练与感觉绝对不能过于强烈,也不能太过于勉强。这时期的婴儿除了哭之外,只会微笑,这是他表达情绪的唯一方法。如果婴儿显现出好奇而愉悦的表情时,这表明父母给予的刺激或指导是正确无误的;反之,若是婴儿表现的兴趣缺乏,或是大哭时,就要适可而止,绝对不许勉强婴儿。父母一定要从婴儿显现于外的各种反应中,真正了解婴儿本身的心理。

机遇对宝宝的成长至关重要。训练实践告诉我们,你给予宝宝的机会越多,训练动作的效果就越好,神经细胞的突触形成就越活跃,大脑皮质的厚度就越发达,智力发展就越快。宝宝将要进入阶段Ⅱ,并开始运用桥脑了。当宝宝真的从条件反射性的移动转变成身体爬行时,表明他已经学会运用延脑功能,可以向前爬行2~3尺距离了。可在表格侧面图橙色部分记录他的目前动作控制是来自桥脑。同时也说明他已具备了持续爬行新功能的必备条件。如果他已两个半月大,参考附表判断宝宝的动作智力刚好是100,这进一步表明他的新生儿时期也即将结束,迎接他的是桥脑阶段新的课程计划。

宝宝之所以取得了一个了不起的成就,主要的原因是严格按照课程计划去做,完成了人生之初最大的一项单一运动。他从无法运动的植物界跨入高级的人类智力发展的动物界。这是一件多么值得祝贺的大事。

表3-1　婴儿动作智力初步训练的建议

动作智力 离开阶段Ⅰ的延脑部分 离开阶段Ⅱ的桥脑部分		
年龄(周)	动作智力	我们的建议
3	361	世界纪录?
4	231	你做得非常好
5	217	
6	180	
7	155	
8	135	持续你目前了不起的工作
9	120	
10	108	
10.5	100	他的表现正常

11	89	
12	90	给他更多的机会练习
13	83	
14	77	给他更多的机会练习
15	72	
16	67	
17	63	
18	60	让你的宝宝立刻有充分的机会去爬动！去爬动！
19	57	去爬动！
20	54	
21	51	
22	49	如果你宝宝的动作知识低于 50 请立刻寻求专家的帮助

儿童动作智力的决定,是将一般小宝宝达到此一阶段的年龄,除以你宝宝的年龄。比方说 74 天(一般小孩进入桥脑阶段)除以 42 天(的你宝宝达到此一功能的年龄)。74/42 = 1.8 或者体能力智力 180。

三、操作能力:抓握反射发展

分级:新生儿

脑阶段:延脑

表格颜色:红色

功能:抓握反射

平均年龄,出生即可

说明:刚出生的新生儿手大多是握着的,他们张开或握拳的动作是随意而无目的的。假如有的人将他的两支食指分放到新生儿的两个掌心,新生儿就会抓紧不放,这就是抓握反射。此时若成人将新生儿的手举起来,他仍抓住不放,甚至能借此姿势将他拉离地面。就像一只刚出生的小猿猴紧紧抓住他妈妈皮毛,随猴妈妈到处跳动一样。其实新生儿此时并没有意识要抓住什么，因他还没有学会放手功能，尽管如此，这种新生儿时期的条件反射是非常重要的，因为它是放手不可或缺的一种动作功能。

目的：新生儿目前只能做延脑反射阶段的功能，因为他的大脑发育尚未达到意识控制的阶段，也就是说，他抓住妈妈的手的动作完全是无意识的反射。如同小鸟在睡觉时能紧抓住树枝不放，是因为小鸟睡觉时只有反射而无意识的原因。

抓握反射的特征是不在紧握不放，而是根本不知如何放手。抓握反射另一个特征是递进式发展。也就是说，伴随大脑皮质神经细胞连接逐渐完善，大约在数周后，条件反射功能将完成它的历史使命，其功能会逐渐消失，抓握反射就会被抓和放的动作功能所取代。

现在重要的是要让新生儿反复做抓握训练。练得越多，脑皮质神经细胞突触连接的就越快，大脑发育将进入一个更高级的阶段。

为了进入下一个阶段，新生儿要做多少次抓握反射训练呢？老实说我们也不知道。因为训练存在两个变数。一是多早开始做；二是每天做多少次？早教的经验告诉我们，愈早开始做，所需的次数就愈少，效果就会越好。

从新生儿的成长规律看，抓握反射随时都会发生。每当他的小手张开时恰好有小东西划过手心，抓握反射就会发生。他的小手就会紧握住那个小东西。妈妈的头发就是例子。每位妈妈都知道，一旦宝宝的小手碰到她的头发，就难逃被拉头发的情景。床上小物品乃至宝宝的衣服也是如此。为了强化抓握反射训练，妈妈喜欢将手指放在宝宝的掌心，而宝宝立刻出现抓握反射，小手情不自禁地抓住妈妈的手指，因为妈妈的动作足以刺激宝宝的大脑向更高层次发展。其他家庭成员也可以用相同的方式进行抓握训练。若宝宝身边有更多的人关爱他,抓握反射训练的机会就越多。为了早日完成延脑的发育进入桥脑阶段,所有能引起抓握反射的刺激多多益善。

新生儿最初抓握反射训练是低级的,无意识,无目的的。通过经常的不间断的训练达到高级的、有意识的、有目的的抓握。抓握反射训练时,只要宝宝有机会碰到一缕头发或一根手指头,便会引起抓握反射,并通过抓握刺激延脑向桥脑发育。因为新生儿必须通过训练达到由无目的、无意识的抓握反射向有目的,有意识的抓握功能发展,最后形成正常人的"抓"和"放"的本能。实践训练证明,每次新生儿在利用抓握反射来促进大脑向更高阶段发育时,他也同时在练习放手的功能。这个阶段父母首要做的就是让宝宝有充分的机会去练习抓握反射。如果你决定每天花 10 分钟,每次 1 分钟,连续训练,7～8 次,每次可抓握 3～5 秒钟。训练时可以采取不同形式,你可以把宝宝抱起来做,也可以让宝宝仰卧在床上做。除了抓握手指外,还可以抓握小巧的玩具,但必须是宝宝能够抓握的玩具,如小铃棒之类的。同时,在训练时,还要有意识地培养宝宝的注意力和抓握兴趣。当然,随时都还有意外的机会发生,进而增加训练的次数。

(一)攀缘前进准备

当宝宝呱呱落地,你就应该在老师的指导下,按照早期教育计划着手体能发展的训练。新生儿阶段,其中最基本的体能训练——我们把它称之为攀缘前进。

在远古时期,人类的祖先由原来的四足动物演变为双脚站立。人的前臂由此而空闲下来,不再去做那些原属前掌的功能。此双脚立于地面行走的方式代替手抓树枝摆荡前进的方式。这是人类的伟大进化。攀缘前进在人类现实生活中,仍不实再现在我们的眼前,可能你看到空降兵攀缘前进渡河的场面,武警官兵救助难民攀缘前进动人的情景。

攀缘前进对幼儿来说,我们把它作为体能训练的一种游戏。在新生儿抓握反射训练完成后,也就是说抓握和放手达到高度熟练之后,可以根据宝宝的体能情况,实施有计划的攀缘前进训练,通过训练更能全面提升身体素质,促进大脑皮质神经连接系统快速发展。

如果你有机会走进亲子健康体能训练馆,就可以看到 2~3 岁的宝宝在老师的保护下兴高采烈的做攀缘前进游戏。墙上贴着训练计划,第一阶段:抓握反射训练;第二阶段:放手训练阶段;第三阶段:攀缘前进训练。

(二)操作能力计划——阶段Ⅰ:成功的因素

这是爸爸的工作——以攀缘前进训练为导向的计划是由抓握反射训练开始。准备一根 3~4 寸粗的一尺半长木棍备用。你还记得我们请妈妈让宝宝握她的大拇指。有的宝宝喜欢抓棍子,有的宝宝喜欢抓手指。可根据宝宝情况而定。宝宝仰卧在床上,父亲或母亲将大拇指或棍子让他握住,然后将身体慢慢拉离床面,其高度可逐渐升高。要仔细观察,当发现小手要松开时就及时放下来,可以反复做。

频率:每天至少练习 10 次

强度:两周后可以提高床面距离。训练宝宝可以逐渐耐受自己的体重。

每次时间:每次做时要观察宝宝他的表情,一旦流露紧张的瞬间,便让他躺回床上。做过几次之后,你便能掌握他能支撑多长时间了。如宝宝能用自己的双臂支撑自己的体重,这就表明做攀缘前进迈出了可喜的一步。

　　每次只做一分钟。可做 7～8 次训练。因为每次宝宝只能坚持 5～10 秒左右,在每次训练前要做好准备。为了确保安全,最好选择在弹簧垫上练习和适合宝宝用的木棍。身穿要轻装 T 恤加尿不湿就可以了。室内要干净温暖。最好爸爸和妈妈两人呵护。值得注意的是,宝爸宝妈在陪同训练时,一定要表现出快乐的心态。当宝宝每次训练成功时,要多讲表扬的语言,如"宝宝最棒"。当训练失败时,也不要表现出紧张,失望的表情,要用"加油"、"没关系继续努力"等语言勉励。事实上,爸妈要做的是鼓励在未来他能接受更多的体能挑战。显而易见,倘若你对宝宝的成功表现缺少赞扬之情,宝宝就会逐渐失去大胆尝试的欲望,将对他的人生带来消极的影响。

　　训练目标:宝宝抓握在你的手指上支撑 10 秒钟,即支撑他自己的一半体重。

　　(三)体能训练小结

　　如果你按照我们前面所讲的要求都快乐的去做,那么你的新生儿便能又快又好地发育。他从延脑阶段很快进入下一个桥脑阶段。因为宝宝每一次训练抓的动作是训练延脑负责的反射功能,与此同时,也练习了放的动作,即桥脑负责的意识功能。

　　训练之初,宝宝完全不会放手,而且还将手中的木棍拉进身体。在习惯于抓握反射训练后,他渐渐地学会放松,而且是手中的东西掉落。随着多次反复的训练,手中抓到的东西掉落的机会也渐渐增多,使它逐渐地体会到东西掉落的认知。由此便慢慢地张开手心体会放的感觉。训练实践证明,当他第一次真正张开手(相对于放手)即表示他已跨越了图表中延脑与桥脑间那条界线,已进入图表中的橘色部分即桥脑阶段的操作能力。

假如你的宝宝现在是两个半月大，他的操作智力刚好是一百。可以根据制表测定他目前的操作能力。

新生儿出生后的前 6 个月是生长发育最明显的阶段，这个阶段的新生儿身体生长发育速度远大于儿童期的其他阶段。出生后 6 个月，婴儿的体重是出生时的一倍半，身高增长 50%，婴儿头部刚出生时只占身体的 1/4，渐渐的躯干和腿的生长速度赶上来了。身体生长发育被称为"从头到脚"的生长，因为生长发育的顺序是从头部开始的。首先是从头、胸部和躯干到四肢，最后是手和脚。新生儿发育一个最重要的特征是脑的发育。其脑出生时的重量仅是成人的 1/4，到 2 岁就已经达到成人的 3/4。随着大脑不断刺激，脑功能逐渐完备，动作能力得到了迅速发展，我们从延脑第一阶段的爬行、抓握、攀缘等能力训练中发现，精细动作能力要求婴儿能够控制手臂、手和脚的动作。尤其需要婴儿对已有动作能力进行很好的协调。因此，精细动作能力发展同样需要一个系统的方法。婴儿出生后第一个发展的精细动作能力就是抓握能力，这需要手眼的协调配合，通过在周围环境中探究和抓物训练，孩子一般 6 个月就掌握了。新生儿这种与生俱来的条件反射性反应通常会在 6 个月后逐渐消失。

凡是陪同孩子抓握反射训练的父母都能目睹令人惊奇的变化。刚开始的时候，一双小手抓住木棍紧紧不放，不知道如何松开，随着练习次数的增加，渐渐地张开小手让木棍掉落下来，体会物体掉落下来的感觉。面对孩子的每一次成功，爸爸妈妈把他抱在怀里，对他说："好样的，祝你成功！"并紧紧地亲吻他，使孩子感受父母的关爱。此时孩子是十分开心的。新生儿成长的实践证明，孩子两个月大的时候，他已经懂得对爸爸妈妈回笑了，如你用手指轻轻地点点小脸蛋，他可能回笑更大。这对宝爸宝妈来说会觉得这是一个难忘的人生经历,而对于宝宝来说,这也是其成长过程中的重要一步。

四、新生儿平衡计划

俄罗斯神经生理学家米高扬诺夫做一项试验证明:如果将新生的小猫或小狗置于轻度脑前庭刺激生活环境中 10 ~ 20 天,他们的脑生长发育比起没受刺激的同年出生的其他猫或狗脑发育平均快 35% 。实践研究还证明,一个刚出生一周的宝宝,当每次做脑前庭刺激时,他就停止了哭声。我们下面讲的所有的动作都是围绕平衡动作而展开的。

(一)新生儿平衡计划的 15 项动作

新生儿平衡计划是父亲和宝宝乐在其中的活动。这种活动的目的是刺激孩子脑部前庭区发展,下面是我们列出有助于孩子平衡能力发展的 15 项动作活动:

1.抱着宝宝四处走。小心抱着宝宝,一只手心向上撑住他的后颈,另一只手托住他的小屁股,让他在空中上下左右动。在屋里各处走走,对他说明各种东西的名称,偶尔停下来对他说明窗外的事物。

2.自己躺下将孩子举向空中。用虎口抓牢他的腋下,将他举向胸前的空中以使他相互看见,告诉他这是一架飞机,一会这架飞机将缓缓降落在我的胸膛上。

3.坐摇椅。坐在摇椅上将宝宝直抱,然后摇晃椅子,身体可稍做摆动。

4.在靠枕上摇。这是新生儿最喜欢的活动,让宝宝趴在一个大靠枕上,头或脚朝向你,两手轮流拉动靠枕让他左右摇动。

5.抛掷。将宝宝身体横在你身前,轮流抬起靠枕的一端抬起放下,左右交替进行。

6.垫上前后加速运动。这也是宝宝喜欢运动之一。买一张好一点的泡沫垫放在地上,让宝宝趴在垫上,身体横在你身前,两手轮流拉动垫子,形成宝宝垫上运动。

7.左右加速运动。将垫子转90度让宝宝面向你,两手左右拉动垫子做垫上左右加速运动。

8.顺时针水平旋转。让宝宝趴在垫子上,头接进垫子边缘,以顺时针方向旋转拉动。

9.逆时针水平旋转。让宝宝趴在垫子上,头靠近垫子边缘,以逆时针方向旋转拉动。

10.以倾斜姿势做水平转圈。父亲站立好,让宝宝双臂扛在肩上,面朝下,并使他的头超过肩膀,原地以顺时针或逆时针方向转圈。

11.右侧水平转圈。将宝宝身体右侧靠着你的左肩,让他小肚子靠在你的颈子上,原地以顺或逆时针方向转圈。

12.左侧水平转圈。将宝宝身体左侧靠着你的右肩,让他小肚子靠在你的颈子上,原地以顺或逆时针方向转圈。

13.上下抛掷。站立或跪着,一手撑颈,一手撑臀部的姿势抱宝宝,让他的身体呈半垂直角度,亲和的将宝宝举到与眼睛同高的高度,然后在降低他的头部,宝宝的身体从垂直变成水平,之后再恢复头朝上脚朝下的姿势,可以连续重复做。

14.滚动。这是一项难度较大的平衡活动,它有助于操作能力的发展。让宝宝平躺,爸爸跪在宝宝脚边,他的脚能碰到你的膝盖,让宝宝的右手握住你的左食指,说:"拉!"然后用左手慢慢拉他,使他的身体向左侧滚过去或俯卧姿,反过来让宝宝的左手握住你的右手指,说声拉,然后用右手慢慢拉他,让宝宝再滚过去成俯卧姿。要特别注意宝宝手臂的姿势,左右两侧要轮换做。

15. 带宝宝小步跑。小心抱好宝宝在屋里小步跑,让他体会被爸爸抱着跑步时身体上下晃动的感觉。当他的颈椎发育成熟时,你还可以再加快速度并改变抱的姿势,让他以不同角度观察眼前的新鲜事物。

(二)宝宝基本平衡计划

频率:每天每项至少1次

强度:小心慢慢做。从上到下。从左到右,从慢到快

每次时间:开始时每次动作为15秒,之后逐渐延长到45秒。每天各项动作总时间大体10分钟左右。训练时要注意观察宝宝的心态和情绪。一旦发现不感兴趣应马上停止调整其他项目。

阶段Ⅰ:母亲的每日检查表

1. 动作计划(爬行)

频率:每天至少10次在地板上爬行训练,并积极鼓励活动。

强度:每天观察并记录爬行距离和速度。

每次时间:每天至少4小时在地板上活动(理想状态是睡在地上)。

目标:训练新生儿能爬4尺远。

妈妈意见:我的宝宝在____周开始爬行。

2. 操作计划(抓握)

频率:每天至少练习10次

强度:两周后提高离床面的距离,加大宝宝耐受自己体重能力。

每次时间:每次1分钟,做7、8次抓握反射——直到宝宝松手或表情变得紧张为止。总训练时间为10分钟。

目标:让宝宝能抓大拇指或木棍 10 秒钟,能支撑 50% 自己的体重。

妈妈意见:我的宝宝在____周时可达到目标。

3.平衡计划(平衡能力培养)

频率:每天每项至少 1 次

强度:慢慢做,掌握适度。从上到下,从左到右,从慢到快,从低到高,从高到低。

每次时间:初始时每次动作 15 秒,之后逐渐延长到 45 秒。全天各项动作总时间为 10 分钟。

目标:为培养高度平衡力作准备,加快大脑前庭发育。

妈妈意见:宝宝对活动、爬、匍匐前行等机会充分与否会影响其他方面能力发展。如视觉等。

爬行、匍匐前行与双眼聚焦近距离的物体关系十分密切。曾在很长一段时间人们认为,刚出生的宝宝眼睛看不见东西,这种说法是错误的。虽然新生儿由于视网膜和眼球还没有完全发育好,起初的视力也还在发育之中,并且有一定程度上的远视。但是,我们通过对新生儿爬行训练,还是可以在短时间内用眼睛记录下一个物体或者一个人的脸的。当宝宝两个月大时候,他的立体视觉发育成熟,这时他可以自由的观察并记录周围的事物了。但此时他对颜色和亮度的感知还很弱。要到 8~10 周大的时候宝宝才能辨别颜色,而且还会明确地表达对彩色事物的偏爱。甚至当他看到一束刺眼的光射时,他还会眯起眼睛,露出不愉快的表情。

宝宝非常爱动,而且交流欲望特别强。我们在做平衡训练,爸爸握住宝宝的双臂,将他轻轻地向上拉起。一个月内的宝宝要非常小心地做这个训练,因为颈部肌肉尚未发育成熟,他的小脑袋会向后仰,所以要缓缓地将他拉起。等到宝宝两个月大,颈部肌肉更加壮实时,他稍抬起头,做这项训练就更安全了。他已经完全可以抬起头与他一起嬉闹玩耍了。训练实践中,细心的爸爸妈妈总能发现,宝宝每天都在进步,学到很多东西。例如宝宝的爬行比前几天更协调了,他与外界的交流更加深入了等。你还会发现,宝宝对这个世界有多么好奇。宝宝的成长离不开爸爸妈妈和家人的引导和帮助。请持续对宝宝的行为作出回应,并不断地给他神经刺激。因为,得不到引导和刺激的宝宝,就仿佛打开了一扇窗,但窗前空无一物,那么他就会失望的关上窗,而且很难再打开。

这里我们可以追述远古人的故事。巴西亚马孙土著的中古人,他们有一条禁令,刚出生的宝宝不允许他们在地上爬,认为在地上有危险。宝宝长大后,其双眼对远方的物体的聚焦能力非常好,甚至能看清楚 50 米以外的东西并轻而易举地用箭将马射下来。但是,他的近距离视觉却不佳,18 米内的东西都看不清楚。由爬行和匍匐前行所带来的远距离视觉,可使人看清楚自己眼睛到手之间的东西。这是我们阅读、写字、雕刻、作曲的距离,这也是我们眼睛到课桌间的距离。如果说"文明是 18 寸长"你觉得如何?

原始文化因缺乏地板而使其儿童缺乏爬行的机会,进而导致无法发展近距离视觉,甚至无法形成有文字的语言和人类进一步文明。古埃及、古希腊、印加古国的地板至今仍在。这些古文明时期的人在三千多年前就懂得脑科学并创造优美的工艺品。中古人与巴希曼人(澳洲土著)只能做出简单没有特色东西。所以说,新生儿时期的活动、爬行、匍匐前行给予的机会是否充分会极大地影响其他能力的发展,如视觉。

第四章　桥脑训练(阶段Ⅱ)

一、动作能力:爬行

分级:婴儿

脑阶段:桥脑

表格颜色:橘色

功能:俯视交叉型爬行

平均年龄:两个半月

说明:正常婴儿在刚出生的几个月内,便称会以腹部贴在地面的姿势利用手臂和腿的力量向前移动,我们称为爬。尽管是转圈圈还是向后退,贵在宝宝在动了。虽然他与真正技巧的爬行还颇有一段路要走,但不能不说他已迈出人生的第一步。

目的:单就训练而言,爬已是不折不扣的动作了。当宝宝开始接受爬行训练时,就表明他开始学习人生从爬行到走路的课程了。同时,也标志他将跨越植物与动物世界间的界线。他也必须花时间和气力才能从甲地到乙地,即使两地间仅是三尺之遥。

爬是一项生命特质。宝宝在阶段Ⅰ完全是反射性的活动,即使为了避开危险也无法让其身移动半步。但现在已进入桥脑训练阶段,如果身边起火或遇到威胁生命的情况时,他已能让自己远离其祸源。现在需要的是多多练习以获取经验,而这些经验完全是来自于在适合的环境条件下充分的实践。

新生儿开始学爬行是随意的条件反射式的移动,当婴儿发现自己的爬行是从一地移动到另一地的体验后,他会即刻感到向前挪动是最有效的方式。实际上,人从爬到走的形式大体上有三种:一种是同时将双臂伸向前,然后再将双腿移向前,就像青蛙跳一样,这种模式称为一致形式;另一种是同时将右臂和右腿伸向前,接着是左臂左腿再向前,这种模式称之为同侧形式;再一种是先挪动右臂与左腿,然后接着再挪动左臂和右腿的交叉形式。交叉形式是人类在陆地上行走最有效率的形式。

(一)活动能力计划——阶段Ⅱ:成功的要素

宝宝活动的品质高低视其环境性质的优劣有关,他所需要的地板:1、安全;2、干净;3、温暖;4、平滑;5、平坦。这些条件加上可爬行的机会将决定爬是否能够成功。甚至影响能否从由一致形式,同侧形式进步到技巧而同步的交叉形式。在桥脑控制生命功能期间,我们看到宝宝多被关在游戏栏、婴儿床或其他束缚体能发育的环境中。从宝宝的生命角度看,所有束缚宝宝活动的设计如游戏栏、婴儿座椅、秋荡椅、学步椅等都是有害的。因为这些设计限制宝宝的活动。我们在公园里常见到这样的情景——宝宝被绑在婴儿车中,他的眼睛睁得大大的充满了好奇,手臂却只能无助地伸到车外。他多么渴望出来,想看大树、鲜花、想趴在草坪上,呼吸草的芳香,同爸爸妈妈共同玩游戏。如果真的这样,那宝宝心里该多么高兴啊!

为了上好学习爬行这一课,父母应破除传统观念束缚,尽可能多地为孩子创设良好环境,解放他的手脚,放飞到大自然中去。实际上,婴儿学步的本领都是在自然环境中获得的,或者来自自然环境。父母要有意识地让孩子到大自然中探索,鼓励他按照自己的兴趣去体验,尽管学步儿是依靠孩子自身独立的学习。带孩子去户外需要做很多准备,户外天气变化情况等。这些只要爸爸妈妈用心是可以改变的。然而,什么也不能够替代让孩子学步儿对大自然的感悟。如果限制孩子学习爬行和匍匐前行训练,将会影响脑功能发育,特别是对双眼聚焦能力发育造成不可估量的障碍,最终将影响阅读能力的发展。

1. 裸露肘膝和足

如同阶段 I 所述,宝宝的手肘、膝和足要裸露出来,以便他在地板上活动时对他的皮肤产生足够的摩擦力,起到活动助力的作用。过多的衣物会限制手脚的活动。其实,T 恤和尿不湿是宝宝活动的最佳组合。

2. 你要同宝宝在一起

你的宝宝现在有两种意愿:最大愿望之一是希望爸爸妈妈始终一起在地板上用自己的能力去探索世界。爸爸妈妈要善于利用宝宝的希望,尽可能睡在地板上,让宝宝感到安心。最大愿望之二是陪同他在地板上也爬来爬去,让宝宝感到无比开心快乐,特别是喜欢爸爸妈妈的赞美和拥抱。请记住,这是让宝宝喜欢爬行的最佳法宝。爸爸妈妈千万不要伤害他。

3. 要多给宝宝机会去探索世界

为了培养宝宝的爬行的兴趣,爸爸妈妈可将宝宝喜欢的小玩具摆在他的面前,吸引他的注意力,激发爬行的兴趣。因为此时的宝宝对他的世界探索还仅仅停留在一种游戏的局限。早教专家实践研究证实,当婴儿在捕捉某一物品特性时,他的探索活动就发生了,当宝宝探索该物品能够做什么用时,游戏就发生了。然而,这种探索能力只是一个较短暂的过程。著名英国神经生理学家尔丹波·费伊在讲到人是如何发展来的有一段精彩的描述:有人问道:世界上最先有的是鸡还是蛋? 他回答说,最先有的是需要,而后才会有努力。大自然是地地道道的机会主义者。几乎没有其他的神经生理学家能讲出如此精彩的见谛——必先有需要,而后才会有努力。因此,我们一定要给宝宝确定适当的需要,然后让宝宝自己去探索世界,并付出努力以满足需要。

4. 给宝宝需求

玩具是宝宝最喜欢的东西,也是他的生长中的需求。训练宝宝爬行首先确定爬行目标,即在爸爸妈妈设定的时间内能够完成的目标(爬行的距离)。然后将宝宝喜欢并且醒目的玩具放在目标终点,引导宝宝努力实现这个目标。为了不断提高爬行的能力,可以适度调整目标,给宝宝以更大的刺激,促进快速成长。在我们的亲子健康乐园曾发生一件有趣的故事。一对年轻的夫妇都在大学里工作,宝宝还未出生就早报名成为乐园的协会会员。宝宝出生后完全遵照"在家课程计划"进行体能训练。为了帮助宝宝学步训练,爸爸妈妈都睡在地板上,并为宝宝专门制作了爬行道,一家3口人每天在地板上玩得开心快乐。当宝宝进入向玩具发起动作阶段的时候,一件令爸爸妈妈不解的事情发生了。一次,宝宝正快速向玩具冲击眼看要抓到小熊猫时,爸爸立刻将小熊猫推进3尺,宝宝见此情景用力向前去抓,等到快抓到时,爸爸又推进一次,最后宝宝成功了。之后,类似这样不断加码的训练到第8天,宝宝终于造反了,爸爸妈妈无论用什么他喜欢的玩具调动,宝宝都不在向前爬行。训练实践告诉我们,这种拔苗助长的训练欲速则不达,最后以失败告终。任何违背宝宝成长规律的行为是绝对不可取的。

训练实践还告诉我们,由桥脑控制爬行动作发展进程完全取决于我们给他多少训练机会。训练次数越多,就越快从爬行过度匍匐前行。机会是最重要的因素,你应该给宝宝足够的机会,爬行距离和速度是衡量标准,应该科学渐进式的加以调控。

哭是宝宝的一种呼吸运动。他哭的时候将产生快和深度呼吸动作,可以提供手脚和肌肉的充分的氧。你不难发现,当宝宝向前爬行时,他的呼吸明显加快,此时需要大量的氧供给。哭泣能保证爬行氧气的需要。所以,宝宝有时是一边哭泣一边爬行。当宝宝进入幼儿期自主爬行后,他哭泣的次数将越来越少。

这个时期的目标:

频率,每天至少15次。

强度:逐渐以尺到米来增加距离。

每次时间:根据宝宝身体不同情况,每次时间可掌握在16分钟左右,建议一天总训练时间4小时。

目标:这个阶段近期目标每天递进 1 尺。长期目标宝宝一天能爬 50 米。实践训练告诉我们,正常婴儿当每天爬 50 米的目标时,就能用膝和手撑起自己身体。总体来说,几乎所有的孩子都能完成 50 米的爬行目标。

为了加速下一阶段脑发展所要做的活动——匍匐前行,我们要逐渐改变在平滑地上的爬行训练,适当加大爬行的难度。我们不妨让宝宝在比较粗糙的毛地毯上爬行。这时你会发现宝宝就不像在平滑地上爬行的那么容易。他的小手不停地向前摆动,小肚皮紧紧地贴在毛地毯上,两只小脚丫也在用力蹬着地毯,很艰难的向前移动。大约两周后,他已经有了新的感悟了,那就是只有让肚皮离开地毯,用手和膝撑起身体也能向前爬行。我们还发现,宝宝有了撑起身体爬行的多次体验后,便可以较轻松的爬行了。这样的爬行不仅速度有所加快,更重要的是为匍匐前进做了准备。

5. 用手和膝撑起身体

宝宝在学步儿的时候,常常是双手双膝着地的姿势,他的身体有时会向前后或左右倾斜,导致摔倒。出现这种现象时是因为他的平衡能力尚未完全形成的缘故。为了防止摔倒,用毛地毯可以起到保护的作用,因为毛地毯有较粗糙的编制,增加手脚与地毯的摩擦。

宝宝 2~3 个月大时,胆子大了许多,他可以在地板上爬来爬去。此时他可以用手肘撑起身子向前爬行,手肘和手臂将得到很好的锻炼,肌肉的动作能力明显得到加强。每天结束爬行训练后,可以安排澡盆游泳课。将浴盆放入刚好够他躺下能淹过肩膀的水位,让他坐在浴盆中,两支小手不停地拍打盆中的水,体验嬉水游戏的快乐,爸爸也可在一旁助力,一家 3 口人身处欢乐的幸福之中。

在宝宝 3 个月大的时候,他就可以在地毯上随意的爬行了。此刻,陪伴近百天的婴儿爬行训练已圆满完成。爸爸妈妈也将结束地板当床的煎熬,回归原来舒适的环境。

(二)体能训练小结

当宝宝能用手和膝撑起身体双手双脚着地爬行时,他的婴儿期就宣告结束了。他已学完桥脑教给的课程,转入新的中脑课程。在桥脑阶段,通过反复训练,他已经积累了匍匐前进的体验,开始用手和膝进行活动。但由于他的平衡能力还没有完全形成,偶尔还退回肚子贴地的姿势爬行。然而,最终必然地过渡到——匍匐前行。现在他已跨过橘色与黄色之间的横线区,进到了中脑阶段。如果你是在宝宝出生那一天起就实施动作计划并为之付出更多的关切,他就有可能在两个半月大时就能用手和膝撑起身体了。如果宝宝在 3 个半月大时便能用手和膝撑起身体,他的动作智力为二百。如果他 7 个月才会做,他的动作智力仅为一百。你可以用下面的表格测试出宝宝的动作智力。不论他是在任何时候做到双手足着地的姿势,这都是他人生的一大里程碑。他已经超越地球上其他无法抗拒地心引力而不得不肚子贴地爬行的生物。宝宝需要多长时间才能成功完成桥脑阶段的发育,完全视我们给他的练习爬行的机会。宝宝爬的越多越远,他距匍匐前进的能力就越近。

从皮亚杰儿童发展理论来说,早教体能训练延脑是感觉运动的子阶段。0 岁到 1 个月大是简单的条件反射活动。新生儿通过条件反射活动进行各种学习,如吮、吸、看、听、抓等感觉活动。1 个月到 4 个月大是初级循环反映。婴儿开始适应环境的条件反射。实际上是适应对具体物体的条件反射。如抓握反射的对象就会只指向特定的物体,这种反射是无意识的。4 个月到 8 个月大是二级循环反映的桥脑阶段。这个阶段重复进行着涉及物体、玩具、衣物或他人的动作。一次又一次的重复这个动作,试图体验动作的结果,重复某个动作期望得到父母的积极回应。比如,尝试各种姿势爬行体验。这一阶段的宝宝几乎每天都在学习新东西、新技能。仔细观察你会发现,宝宝的行动越来越协调,与周围的人交流的方式也越来越多样,而且学习欲望特别强,每时每刻都在学习新东西。有时你可能发现宝宝突然学会了某项技能,这看似偶然,但仔细观察后会发现,宝宝所学会的每一项新技能都是他乐此不疲、坚持不懈、重复练习的结果。如宝宝从小肚皮贴地爬到双手足撑起身体匍匐前进就是一个明证。进入4个月大,宝宝最大乐趣就是不断地挑战自己的肌肉。趴在地板上,他会时不时地向上伸出小胳膊,蹬起小腿儿,小脑袋也一个劲地往上抬。这时,你会看到,他正规做着"游泳动作",整个小身体全靠小肚皮支撑,在地板上晃来晃去。你可以试着在宝宝平躺时,向上拉他的两只小手,这时,宝宝的小脑袋也会跟着一起往上抬。在整个过程中,宝宝会全神贯注地绷紧全身肌肉。这是因为他到了第4个月大,宝宝的颈部肌肉就已经发育差不多了。当你把住宝宝的腰让他保持站姿时,他会用力蹬着两只小腿儿,试图站稳。这是一个对宝宝今后学习走路非常重要的小训练。头3个月里,你可以只会看见宝宝轻轻地微笑,而现在,他可以逗你咯咯地笑出声来了。他越开心,就笑得声越大。而且,宝宝有时还会发出轻轻地嘟囔声了。一旦学会了这些发声方式,那他就整天持续的"单曲循环"了。过了这一阶段,随着宝宝逐渐长大,他的哭声也变得越来越多样。他表达稍微不满意和真正生气,乃至饿了或换尿不湿时哭声是不一样的,都会用不同的哭声向你表述。

本阶段体能训练实践表明:新生儿的每一个需要都完全依赖于父母。随着婴儿的成长,他能够挪动身体了。父母与孩子之间的关系继续发展。他们在更大的环境中,体验共同的经历已成为可能。婴儿成长的每一个环节都依靠他与父母之间的互动。这一紧密关系对于婴儿成功的发展至关重要。婴儿对父母做出的呼应,父母也应回应自己的宝贝。

二、操作能力——本能手放开

分级:新生儿

脑阶段:桥脑

表格颜色:橘色

平均年龄:两个半月以上

说明:12 个月大左右,一般新生儿已学会将手中的物体放开,不再因抓握反射而抓在手上的物体无目的地紧握不放。最初是由于不小心而使东西掉落。经过多次反复训练会有意识放开了。这种从抓到放的变化是桥脑发育的结果。

目的:刚出生时,他的手因条件反射握住随意碰到的东西。训练的重点不再是抓握而是学会由桥脑控制的动作——放手。通过放手训练促进宝宝生理智能和脑部发展。

(一)操作能力计划——阶段Ⅱ:成功的要素

本阶段的操作能力训练是在条件反射性抓握的基础上,从抓握到拉起再到松开,形成链接式训练。也就是从无意识到有意识的训练,促进宝宝身体协调发展。

1.用手指或木棍做悬吊训练

首先让宝宝抓住你的手,然后将他从床上拉起来成站姿。如果你感觉宝宝要松手了,就在这一瞬间平稳快速地把他放在床上。就在这时,你会发现宝宝似乎在尝试用双腿撑起自己的身体。如果真的这样做了,那好极了!他开始为真正站立在做准备。爸爸妈妈应为他精彩的表现鼓掌祝贺!当宝宝悬吊能力增强后,建议采取悬吊方法进行训练。

简单介绍悬吊放手训练方法:首先制作一个悬吊木架。选一根 1~4 寸结实的木棍,然后测量宝宝从手指到脚趾间的高度,在此基础上加两寸,让手握木棍时形成悬吊状态。选 1 尺多长厚一点木板,在木板边端刻成有一定斜度的槽 6 个,槽间距离为 3 寸。槽的宽度以能放进木棍为宜,将带有刻槽的木板用螺丝固定在儿童房门框两边,并适当掌握固定高度,以宝宝握住木棍后离地面 2~3 寸为宜,训练时,可根据身体状况和身高适当调整木棍高度。(详见附录)。

悬吊架制作完成后,可以做悬吊游戏了。妈妈跪着铺有海绵垫子的地上,面向宝宝,就像在床上教他那样,让他抓住木棍。这时,你可能惊奇地发现,就在这一瞬间,宝宝已把自己的身体支撑起来了,并离开地面。一二秒钟过后,当宝宝的小手在松开木棍一刹那,妈妈必须施以安全保护,用双手牢牢地把住他,以免造成伤害。让你从宝宝依次撑2秒的悬吊开始新的训练吧!通过反复地训练,宝宝对妈妈的信任感增强了,胆子也越来越大,抓握放的时间意识也越来越自觉了。宝宝喜欢这项游戏,充满极度兴奋和快乐。

2. 加大悬吊训练强度

为了提高宝宝本能放手能力,现在可以增加适当难度的悬吊训练。爸爸可以把木棍从原来的第一档提高到两个档次,这样宝宝离地比原来高了。我们看到,宝宝在最初训练时,吓得大哭起来,但就在他哭声中,放开了小手,整个身体向下垂落,爸爸快速接住他并抱在怀里。爸爸笑着说:"不要怕,有爸爸在。"宝宝停止了哭泣,情绪渐渐平静下来。经过一周多的训练,他由开始的紧张害怕甚至哭叫,到平静微笑,本能放手能力有明显增强。

(二)本能放手训练计划

频率:每天抓手指8次,抓木棍7次。

强度:适度、逐渐提升木棍高度,提升越高,身体垂重越大,体力消耗也越大。

每次时间:每次抓握两秒钟。

在训练之初,根据宝宝的身体情况可适当控制频率和强度。在时间的掌握上应本着时间服从效果。在木棍适当升高地面基础上,不妨可以尝试双手悬吊的打秋千游戏。为安全起见,可以把海绵垫子再加厚一点,爸爸妈妈一定要陪护好。我们相信,只要爸爸妈妈以温暖、快乐而热切的心态去赞美你的小宝宝,而宝宝也必将以更加愉悦的心情回报你的赞美和挚爱,并喜欢上这项悬吊游戏。

（三）体能训练小结

由于宝宝的努力，出色地完成了操作计划，他悬吊的能力放手和握拳的控制力有所增加，并以此为基础，向用手拾物更高层次的动作发展，这种能力发展称为"理解性抓握"。将宝宝喜欢的东西放在他的手心上，然后弯曲手指抓住它，这个功能不归桥脑管理，它属于中脑功能。如果你在宝宝一出生就实施这一方面的计划，并为之付出辛劳，宝宝就可能在 3 个半月或更早便能自行抓物了。如果他在 7 个月大时会这么做，其操作智力为100。你可从下表算出宝宝的操作能力。无论他何时学会用手抓物，他都已超越地球上绝大多不会使用双手的生物。

宝宝本能放手操作计划能力已取得了重大进步。刚出生时的新生儿条件反射——无意识的抓握彻底消失了，相对有意识的抓握能力正初露头角。此时，专为他设计的悬吊架正发挥它应有的功能。身体悬吊提高与地面距离也有惊人的表现，更使爸妈兴奋的是双手紧握木棍可以打秋千游戏了。这些高难度的训练不仅自主驾驭，而且很少失败，这意味着宝宝新生儿条件反射已经基本退化，婴儿期已向他招手。反之，如果条件反射还存在的话，宝宝是没有能力松开手里木棍的。在训练中还可以发现，当你拉宝宝时，会明显感受到他正使劲地向你靠拢，小脑袋向前伸，小胳膊小腿儿也跟着用力，腹部和背部的肌肉也都紧绷起来。当把宝宝拉起来之后，你可紧接着把他抱起来，让他保持站立姿势；这时，宝宝的小腿儿就像结实的小柱子似的，坚挺地撑起身体的重量，能坚持数秒钟。这是一个多么大的进步啊！在训练过程中还能体会到，宝宝对爸爸妈妈说话的语气和表情都做出相应的回应。当你大声说："你真棒"！他回答给你的是兴奋地微笑。如果你非常严肃并生气地看着他的话，他的脸上就会出现害怕和不安的表情。反之，你如果和蔼地对他笑的话，他也会兴高采烈地对你回笑。宝宝的这些表现告诫：作为父母，你的一言一行不论好坏,都会被宝宝看在眼里,记在心上。

三、婴儿平衡计划

因为宝宝现在只有几个月大,所以,他们需要做我们在前一章已详细说明的各种前期平衡刺激。在阶段Ⅰ中所要做的与阶段Ⅱ相同,各个项目皆需要加强频率、强度和每次时间。其目标是宝宝能匍匐前行。

频率:每天每项动作做 15 次。

强度:将旋转、摇晃、动作速度适当加快。

每次时间:将每一项的时间从 45 秒延长到 1 分钟或更长。但一定是在宝宝不想玩之前停下来。

期盼宝宝快快长大的父母高兴地看到,8~12 个月大的宝宝已会爬好几个月了,甚至能用手和膝撑起身体,但他还不会匍匐前行。如果是此种情况,只要认真做几周平衡计划就自然而解了。婴儿平衡计划是宝宝为以后做复杂的平衡训练所需要的平衡能力奠定良好基础的,所以爸爸妈妈决不能忽视婴儿期平衡能力的培养。

(一)阶段Ⅱ:母亲的每日检查表

1. 动作计划

频率:每天至少抓 15 次。

强度:每天跟踪并测量宝宝爬行距离

每次时间:每天至少 4 个小时,最多 18 个小时(宝宝最好睡在地板上或爬行道中)在地板上活动。

目标:让宝宝爬行每天都前进 1 米。长期目标每天爬累计 20 米到 30 米。

妈妈的意见:我的宝宝在____周后每天爬 20 米到 30 米。

2. 操作计划

频率:每天训练 15 次,抓手指与抓木棍交替进行。

强度:视宝宝身体状况,逐渐升高木棍离地面高度。

每次时间:每次两秒。待技能熟练后,可延长到 15 秒至 30 秒。绝不可长于一分钟。

目标:通过训练能完全支撑体重 10 秒钟。

妈妈的意见:我的宝宝在____周时可达到规定的目标。

3.平衡计划

频率:每天每项动作 15 次

强度:适度加快动作的速度。

每次时间:每项动作从 45 秒延长到一分钟或更长一点。请记住,一定要在宝宝快疲劳前结束训练。

目标:引导宝宝做匍匐前行,为培养宝宝高度平衡力、视力和身体结构协调发展奠定坚实基础。

(二)给宝宝爸妈的建议

表 4 - 1　给宝爸宝妈的建议

动作智力 离开阶段 II 的桥脑部分 离开阶段 I 的中脑部分		
年龄(月)	动作智力	我们的建议
2	349	世界纪录?
3 4	232 174	你做得真棒!
5 6	140 116	好极了,继续你所进行的项目
7(213 天)	100	一般标准
8 9	87 77	多给他机会
10 11 12 13	69 63 58 53	再多多给他机会好好练习
14	19	如果小孩低于此一标准,快带他去寻求专业的帮助

第五章 中脑训练(阶段Ⅲ)

一、动作能力——匍匐前行

分级:幼儿。

脑阶段:中脑。

表格颜色:黄色。

功能:用手和膝做交互型式的匍匐前行

平均年龄:7个月。

说明:通常6~7个月的幼儿以腹部离地的姿势,用手和膝的力量向前移动,我们称之为匍匐前行。匍匐前行有3种姿势:第一种一致性匍匐前行。动作特点是将双手同时向前伸长,然后将双腿同时往前拉。这个动作看来有点像兔子跳。第二种同侧匍匐前行。动作特点是右手和左腿同时向前移动,然后左手和右腿同时向前移动。人们把这种动作称之为顺拐前进。第三种交互性匍匐前行。动作特点是先前移右手和左腿,然后再将左手和右腿向前移动。这是人类站立行走的过渡。

目的:爬行是移动的开始,匍匐前行才是移动的终极目标。延脑控制反射功能,桥脑负责生命功能,中脑控制意识功能。匍匐前行促进身体各要素功能协调发展。

(一)匍匐前行是如何发生的

匍匐前行是经历艰辛和挫折才达到这一步的。首先,从爬行的演变过程看,宝宝从刚出生时的条件反射移动,到无意识的爬行,再到有意识的爬行;从爬行方式看,也经历了从一致性形式到同侧形式,最后到交叉形式;从抓握训练看,从反射性抓握到有意识抓握,从不会放手到自觉放手,从手指悬吊到木棍悬吊,动作能力从不自觉到自觉的演进过程。匍匐前行是人类体能发展到一定阶段的必然要求,也是人与生俱来的一种能力。因为人要生存,而生存的首要条件是站立行走,而站立行走是人类生存根本保证之一。匍匐前行是人站立行走的必经阶段。匍匐前行腹部离开地面,身体重心发生转换,需要掌握平衡,更需要肩、肘、腕、手指与臂、膝、裸、脚趾之间的协调。初学的幼儿不可能一下子就适应这种平衡的协调,可能要摔跤、跌跟头,这不要紧,这对他而言是必要的。只有经历了多次摔跤才能体会平衡的感觉。当他有多次平衡体验后,就能很快成功地向前爬行了,而且越爬越快,越爬越轻松。用不了多久,宝宝就喜欢上这种运动了。随着体能和协调能力的增强,他会比较顺利的越过黄色中脑地带,展现在眼前的是伟大的站立行走,这是多么令人鼓舞的一件大事啊!

(二)动作计划——阶段Ⅲ:成功的要素

在平滑的地板上做匍匐前行是很不舒服的,因为两膝跪在地板上时间长会很疼痛,不如在厚厚的地毯上做匍匐前行舒服,所以需要在地板上铺上一张地毯。这不仅有利做相关训练,而且也能激发宝宝匍匐前行的兴趣。

伴随宝宝活动能力增强和活动空间扩大,匍匐前行的安全已提到日程。这个阶段的宝宝他可以根据自己的意愿去想要去的地方,去拿感到奇怪或喜欢的东西。此时的爸爸妈妈要想方设法地为宝宝创设一个清新、温和,有助于活动的安全环境,要消除一些不安全隐患,如台灯、茶杯、电源线等。更为重要的是爸爸妈妈要时刻监督宝宝的活动,最好能同他做一些简单的小游戏。如小球游戏。玩具小球可以算是大多数宝宝出生第一喜欢的玩具了。让宝宝把球抓在手里然后投出去;还可以做小球滚动游戏,让小球滚来滚去;或者用一块木板做成一个斜面,妈妈先做一示范,让小球从木板上滚下来,之后让宝宝模仿去做。

这里介绍一个生动的案例。9个月大的贝贝是太阳幼儿园亲子健康乐园"在家训练计划"的孩子,他的爸爸妈妈都在国家机关工作。他们按照乐园制定的课程计划认真施训,5个月大的时候就会匍匐前行,并且做得很漂亮。6个月大就可以学步儿走了。他妈妈在一次早教体能训练观摩会上详细介绍了训练经验,并让贝贝现场做了汇报。当他匍匐前行遇到一堵墙时,学会慢慢地转身体继续前行,当他遇到角落时,学会往回退,爬到另一个房间去探险。训练实践告诉我们,要多给宝宝机会,让他自己去征服世界。

1. 穿裤子

为了保护宝宝的身体和训练的需要,现在是让宝宝穿上长裤子和袜子的时候了。衣服要舒适得体,最好不穿体型裤,因为他影响身体发育。

2. 鼓励探索

宝宝每天都需要新的引导与刺激来不断地促进他的感官发育和能力提高。而其中许多刺激是宝宝在房间里自由活动中发现的。因此,现阶段最需要的是有一个足够的空间。如果宝宝整天都只能在床上或幼儿园栏里度过的话,这对他身体机能的发育是不利的。因为这样的话,宝宝的活动自然会受到限制,一些重要的走路练习也不能进行。宝宝目前所需要的是,一方面是有足够的游戏设施;另一方面,爸爸妈妈要关注和支持他的新探索。由于宝宝学会匍匐前行,扩大了他的活动空间,拓展了他的视野,一个丰富多彩的世界正向他招手。你会发现,在他的活动空间里,宝宝最喜欢去找那些如小汽车,小熊猫和家里的小宠物等。如果宝宝对某种玩具很感兴趣,或者宝宝全神贯注地盯着那个物品时,请你不要打扰他,让他玩够看够,爸爸妈妈应给予适当的帮助,培养他学习探索精神。

3. 做长距离训练

匍匐前行为宝宝带来新的喜悦,他可以比较长距离的爬行了。爸爸妈妈可以根据宝宝的情况制定训练进程图表,将每天爬行的距离记录下来。对宝宝的测评可划分为三个具体目标:铜奖目标、银奖目标、金奖目标。每周做一次测评分析。除口头表扬外,还奖励最喜爱的玩具,鼓励宝宝坚持不懈地做匍匐前行游戏,让他尽快地站起来,完成人生中最重大的革命——站立行走。

频率:每天可做 2 次或更多。

强度:用最短的时间掌握匍匐前行的技巧。

每次时间:每次时间和强度是分不开的。当每次时间增加时,频率则会减少;当频率增加了,然而强度也自然增加了,每次时间也会自然减少,请爸爸妈妈要科学的把握。

4. 训练目标

每日平均爬行 40 米。宝宝能做到吗?亲子健康乐园多年训练实践证明;只要给宝宝充分训练机会,每天平均爬行 40 米左右是没问题的。有的父母提出如何计算宝宝匍匐前行的距离?有两种办法:一种办法是首先要知道你家房间的室内面积,然后掌握宝宝横越其间的次数,就可以估算出宝宝爬行的距离,并记录在训练日记上。另一种办法是每周确定一天做较精准的计算作为该周的平均值。训练实践还进一步证明：匍匐前行训练越科学，中脑发育就越好；匍匐前进技能越好，站立走路的时间就越早。期间，爸爸妈妈应当做一名合格的教练。

（三）体能训练小结

宝宝通过匍匐前行训练学会了真正的爬行，现在已是一个不折不扣的匍匐者了。由于他能交叉形式的匍匐爬行，可以去想去的地方，并且还都有一定的目标的。他可爬向食品处，更可以爬向玩具场，还可以爬向电视机旁，到处探索四周的世界。这一技能的基本前提便是宝宝先前一直苦练的"四足鼎立"，俯卧时挺起身子，并借助双手、双膝支撑，过一段时间将用双手双脚支撑。保持这个姿势时，宝宝常常会左右摇晃，这是宝宝在锻炼自己平衡力，这个动作对宝宝之后的匍匐非常重要。同时，宝宝还学会了如何坐起来。俯卧时，他用小手和胳膊侧着支撑起自己的上身，稍一用力就可以直直地坐起来，因为宝宝已掌握了匍匐前行的技巧，慢慢地宝宝可以从"四足鼎立"状态学会自己站起来，只要小手扶着家具可以保持站姿好几分钟都没问题。而且他在站立时小腿会挺得直直的，两个脚掌也会紧贴地面，不再像几周前那样只是脚尖着地了。期间宝宝脑发育已跨越中脑向脑皮层发展。匍匐前行刺激中脑发育，并为激活脑皮质提供了重要条件。伴随大脑皮质不断激活，宝宝开始依靠沙发、小茶几、矮柜等站起来，扶着边缘可以围绕家具散步游玩，一会看看摆在矮柜上的小皮球，一会摸摸小茶几上的小熊猫，快乐极了！当无数漫步游完之后，他望着四步之遥的沙发走了过去，勇敢地挪步看似遥远的四步旅程，同时，更重要的是跨越了中脑与大脑皮质间的界限，宝宝终于会走路了。此时他 12 个月大，活动智慧是 100。如果他的年龄小一些或者大一些，请参阅下表。不论他多大,当宝宝兴高采烈地开始走路时,那真是一个值得庆祝的时刻。可爱的宝宝已经远离老祖先,已是一个真正的现代人了。

二、操作能力:有意识抓握

分级:幼儿。

脑阶段:中脑。

表格颜色:黄色。

功能:有意识抓握。

平均年龄:7个月。

说明:这个时期的宝宝已不再因为延脑或桥脑的控制而使小手乱抓放,他现在已是有目的张开手抓握或抓东西,我们把这种行为称有意识抓握。他的手臂和肩膀已有足够的能力和技巧将手挪到目标物上。虽然他还不能熟练地用大拇指和食指抓小的东西,但他能用全手指将东西牢牢地抓在手中。

目的:宝宝现在之所以能做较高级的动作是因为不断刺激中脑发育的结果。他从本阶段毕业时间长短完全在于能有多少机会去练习有意识的抓握,并能大胆地去探索自己喜欢的东西。有意识的抓握是一种简单的目标取向,也是宝宝最初的认知行为。有意识抓握需要视觉、听觉和触觉协同一致。目前宝宝还没有足够的意识明白自己想吃、想玩、想抓的自觉性。但不要急,他正以飞快的速度攻坚克难。

(一)操作成就计划——阶段Ⅲ:成功的要素

宝宝的抓握训练是从延脑阶段开始的。最初的抓握是新生儿出生后的反射性抓握,是自我生存的必然能力,这种能力是生来具有的。通过攀缘前进,平衡计划和两个多月的训练,刺激延

117

脑快速发育,进入桥脑阶段,通过"四足鼎立"小肚子贴地爬行、"四足鼎立"腹部离开地面匍匐前行、本能放手、有意识抓握,揭示了从延脑到桥脑,再到中脑的训练发展过程。本阶段操作成功计划的目标是训练宝宝独自悬吊的能力,并为攀缘前进训练做准备。

1. 继续利用木棍训练

关于用木棍制作的抓握悬吊训练架请见附录,本节不再赘述。有意识的抓握可利用游戏方式进行。如抓拇指游戏。为了激发兴趣,宝爸宝妈和宝宝一起抓大拇指游戏,比一比爸爸妈妈看谁抓宝宝的大拇指次数多谁就获胜。抓握荡秋千游戏。妈妈用双手拖住宝宝的臀部和腹部,让宝宝两双小手紧紧抓住木棍,当宝宝手臂处于垂直状态时,妈妈慢慢放开他的身体,这时可以轻轻地推他的臀部,使他的小身躯缓缓前后摆动,给宝宝一种腾空要飞的体验,这是他将来做真正的攀缘前进时会有的感觉。此刻,你不难发现,宝宝的脸上流露出快乐的微笑。为了确保宝宝的安全,必须在悬吊架下面铺上厚地毯或泡沫塑胶垫。显然地,在硬木地板上做这种训练是不安全的。爸爸妈妈务必高度重视,并从始至终都要陪在身边。这样做会给宝宝增加安全感和信任感。

频率:每天 15 次。

强度:逐渐减少父母支撑身体的助力,逐渐增强宝宝自我支撑和自我保护的能力。

每次时间:每次时间为 25 秒。

悬吊游戏对宝宝来说比爬行更能激发兴趣,更能锻炼双臂的拉力,乃至手臂、肩、肌体的协调发展。悬吊时,宝宝的小手紧紧抓住木棍,整个身体处在悬空状态,这种体验是过去未曾有过的,所以他感到很新鲜,很刺激,很好玩。两支小手变得越来越灵活,能拾起更小的东西,有时把拾到的东西扔掉,有时也把小东西放到嘴里。爸爸妈妈对这种表现务必引起注意,避免造成意外。

2.成功的绝对要求

抓攀前行是老幼皆宜的健身运动。有条件的家庭可以开展这项运动。首先要制作一个坚固的横梯,两端要牢牢固定。其高度一般要超出平均身高30公分左右。操作方法比较简单。双手举起,紧紧握住横梯蹬,依靠身体的前后摆动的惯力,单臂交替向前行走。根据自己体能可以走完全程,也可以中途停下来,每天坚持30分钟的锻炼。抓攀前行对宝宝来说是一项难度很大的训练。通常要具备以下条件:首先,必须经过意识抓握训练,具有一定的抓握能力;其次,肢体发育正常,心肺功能健康;再次,宝宝喜欢做悬吊游戏;第四,爸爸妈妈先做示范给他看,然后再教他怎样做;第五,要有安全保护准备,(如地上铺海绵垫),爸爸妈妈要跟踪保护。刚开始时,由爸爸抱着宝宝的身体轻轻地前后摆动,慢慢地教他单肩交替前行。这项活动要领是通过身体,主要是通过下肢摆动的惯力,达到单臂交替前行,同时,还要承载整个身体的体重,这对初学的宝宝的确有难度。但是,只要经过一周左右的训练,可以比较自如的抓攀前行了,有的时候妈妈也可以给一点摆动助力。为刺激大脑前庭运动神经突触发育,爸爸可以采取计时奖励的激励办法,调动宝宝最大兴趣,坚持每天多次训练,让他喜欢上这项游戏。反复的抓攀训练,使宝宝的大脑前庭将有更多的细胞被激活,为他日后智力发展奠定基础。

(二)体能训练小结

如今的宝宝现在已轻而易举地用手拾取东西了,这种能力标志他的大脑发育之旅将通过中脑阶段进入脑皮质初期。更让爸爸妈妈振奋的是,他能从小矮柜上用大拇指和食指捏起饼干的一角放在嘴里吃了。这个动作早教专家凯姆斯把它称为"脑皮质对抗",它属于大脑皮质的功能。他同时还指出,只有人类才有高级复杂的大脑,也只有人脑才具有脑皮质对抗,虽然这个动作是无意间做的,但他都表明宝宝大脑发育将进入掌管高级精细动作的脑皮质领域了。通常幼儿在 1 岁左右达此阶段。

表 5-1 给宝爸宝妈的建议

动作智力 离开阶段Ⅲ,桥脑 离开阶段Ⅳ,中脑		
年龄(月)	动作智力	我们的建议
4	300	世界纪录?
5 6 7 8	240 200 171 150	你做得真棒!
9 10 11	133 120 109	好极了
12	100	一般标准
14 16	85 75	多给他机会
18 20 22	66 60 54	请给他更多机会
24	50	快带他去寻求专业的帮助

三、4个月以上大宝宝被动平衡计划

（一）先决条件

如果你的宝宝从出生后就坚持每日为他制订的平衡计划训练，那么你现在就可以进入本阶段新的训练；如果宝宝出生以来从未接受过平衡计划训练，那就要从新生儿平衡计划开始。从新生儿平衡计划转到本阶段大约需两个月左右。宝宝被动平衡计划训练比新生儿阶段的平衡计划训练复杂得多。因为他是一种有激烈感的活动，同时还需要不同的环境来保证平衡计划实施。如果把被动平衡计划训练用一句生动的话来描述，可称为"我要飞"。爸爸妈妈紧紧握住他的手腕和脚腕，抛向半空中，以各种角度为轴做旋转动作，一会从低到高，一会又从高到低，给宝宝从未感受过的刺激，体验从来未感受过的身体平衡。从宝宝的角度讲，这些训练活动他是一个被动者，而父母则是这项活动的主动者，也就是说爸爸妈妈完全掌握训练活动的主动权。对此，我们把他称之为被动平衡计划训练。

被动平衡计划训练不仅培养宝宝平衡能力的形成和发展，而且，更为重要的是平衡训练可以高强度刺激大脑前庭区，激活这一领域的细胞群——被称为平衡细胞群的活性化，进而促进平衡力的发育和提高，即使达不到职业选手的平衡力水平，但通过反复训练基本的平衡技能是完全可以掌握的。然而这种平衡能力的形成对宝宝体能全面发展是大有益处的。

（二）成功要素

被动平衡计划训练最重要的是把宝宝安全作为首要考量。训练时一定要牢牢抓住宝宝。就安全而言宝宝对你是百分之百的信任。当你把他突然抛向空中，又刹那间从空中落下时，他绝

不会怀疑你是否已经抓牢他了。为万无一失,不妨在开始时动作可以小一点。经过多次尝试取得经验后,再适当加大力度。再提醒,这项平衡训练主动权是完全掌握在爸爸妈妈手中的。

1. 准备一个颈圈

为了保护宝宝的脖子,所以,我们需要一个护脖圈。将一条非常柔软的毛巾反复褶几次后缝合,围在宝宝的脖子上,让他的脖子保持在比较舒适状态。为激发宝宝的兴趣,不妨爸爸妈妈率先示范也都戴上护脖圈,给宝宝一种精神上安慰和鼓励。只要爸爸妈妈在,他就可以大胆放心的玩了。

在每次训练时,爸爸妈妈要表现出应有的坚定和自信。如果爸爸妈妈对某项动作心有疑虑,请别在宝宝面前表现出来,你可以不做这个项目。爸爸妈妈千万不要在宝宝面前说一些"危险"、"不安全"的话,宝宝有"助听器"能接收你的担心或感受。请记住,宝宝的每项成功千万不要忘记给予表扬和鼓励。

(三)被动平衡计划动作训练

1. 水平旋转

(1)俯姿。将宝宝的肚子置于你的肩头,然后旋转,小心别因头晕而失去平衡。顺、逆时针交替改变方向,每次两转,左、右各1次。

(2)左姿。让宝宝的肚子朝着你的脖子,将宝宝身体左侧靠着你的右肩,顺、逆时针交替改变方向做旋转动作。

(3)右姿。让宝宝的肚子朝着你的脖子,将宝宝身体右侧靠着你的左肩,顺、逆时针交替改变方向做旋转动作。

2. 摇动

摇动会带给宝宝更复杂的感觉:

仰姿摇动。爸爸妈妈可以同时加入。两人分别握住宝宝的手腕和脚腕,宝宝的脸朝上,然后左右摆动。如果宝宝有睡摇篮的体验也可摇的快一点。

3. 水平转圈

宝宝在桥脑阶段曾将他置于毯子上做水平转圈的训练。而现在他在这个阶段是在空中做动作:

(1)水平转圈。左手抓住宝宝的左手腕,右手抓住他的左脚踝,让宝宝呈俯姿水平,做逆时针方向旋转。右手抓住宝宝的右手腕,左手抓住他的右脚踝,让宝宝呈俯姿水平,做顺时针方向旋转,转的愈快宝宝的身体愈呈俯姿。

(2)仰姿。首先将宝宝抱成背对你的姿势,右手抓住宝宝的左手腕,左手抓住他的左手脚踝,做顺时针方向旋转。现在宝宝的脸朝外,你转愈快,宝宝的身体就愈像飘起的俯势。反过来做则宝宝的脚朝外飞。

以左手抓住宝宝的右手腕,右手抓住他的右脚踝,做逆时针方向旋转。再反过来做一次。

(3)俯姿(头朝内)。抓住宝宝的手腕,让他面朝你,两臂伸直旋转。顺、逆时针改变方向做旋转动作。

4. 水平抛掷

水平抛掷。宝宝在前一个阶段水平抛掷是妈妈面对面的把宝宝抱起来,然后做上下抛掷。如今宝宝长大了,需要换个方式了。让宝宝脸朝上躺在地板上,爸妈分别站在他身体两侧,各抓一侧的手和脚,将宝宝前后荡来荡去。

5. 加速度

(1)加速度(上下)。爸爸面对宝宝,两手直接抓住他的腋下,将他抛向空中再接住。这是一项难度较大的游戏。他要求爸爸要高度警惕,抛掷不要过高、过猛,接的时候要敏捷、准确。

在这有惊无险的游戏中,宝宝不仅体验重力再平衡中的作用,而且感悟前所未有的刺激,好像返航太空人似的,一个小小的自由落体。这种刺激对肢体能力的提高,培养奋发向上勇于进取的精神是大有益处的。

(2)垂直摇动(头朝下)。宝宝头朝下垂直摇动的游戏从他的成长来看是一种正常的训练。但是,有些父母对这项训练很担心,一个不满周岁的幼儿做倒栽葱的训练能吃得消吗? 其实,父母的担心是不必要的,从胎儿在母体的成长过程看,在临产前4 周,胎儿的头部已运动到骨盆腔中,即头朝下脚朝上的姿势。也就是说宝宝未出生前已经体验了这种姿势。更实际的说,宝宝是很习惯这种姿势的。所以,以前你将宝宝置于毯子上做水平转圈的动作,现在他会更爱做这个活动,因为现在是在空中做了。水平转圈,妈妈以顺时针方向转宝宝。

请宝爸宝妈放心,你的宝宝会十分高兴地接受这种刺激性很强的游戏。

垂直摇动让宝宝戴好护脖圈,仰躺在舒适的地毯上,妈妈跪下来抓住他的双脚踝,让他面朝着你,然后站起来,宝宝的身体离开地面,慢慢如钟摆似的左、右摇晃。也可将你的双腿岔开,让宝宝在你的双腿间前后摆动。之后将他平平地仰卧在地毯上,保护好脖子不受伤害。

被动平衡训练实践证明,本协会亲子健康乐园的妈妈们,无论执行的是乐园计划还是家庭计划,此项训练都收到令人满意的效果。妈妈们反映说:"一个腾空翻,一个地上摇,孩子们都非常喜欢做"。

被动平衡训练具体要求。

频率:每天每项至少 2 次。

强度:适当的强度需依赖必要的安全措施。训练之初慢慢小心无需任何速度。各种强度的快慢平衡感才是大脑前庭发育所需的。功能决定结构。逐渐加强其功能(强度),有利促进大脑结构健全发育。俄罗斯神经生理学家高尔科斯基所做实验证明:轻度的平衡刺激是可以使小动物的脑平均增大35%。被动平衡训练还证明:当宝宝在执行每一项平衡训练的时候,特别是当一项运动需要复杂肢体动作时,也能使大脑相应的区域整套的认知功能得到锻炼。每一项运动促使大脑与细胞网络一起释放信号,有助于强化它们的连接。刺激宝宝的工作记忆不断发育,额叶前区的功能也越来越好。

每次时间:最初头两个月每项训练时间为 15 秒。之后,最长时间不超过 1 分钟。每日总训练时间为 20 分钟。

(四)阶段Ⅲ:母亲的每日检查表

1. 动作计划

频率:每天做 20 次至 30 次短暂的匍匐前行。

强度:从最初时几尺到几米,最后到数十米。

每次时间:每天至少 4 个小时,最多 8 到 12 个小时。

目标:每天共爬行 40 米左右。

妈妈的意见:我的宝宝在____周能每天共爬 40 米。

2. 操作计划

频率:每天木棍悬吊 15 次。

强度:逐渐减少助力,完全靠自己悬吊。

每次时间:每次 20 秒

目标:能完全支持自己体重 20 秒。

妈妈的意见:我的宝宝在____周时可达到本目标。

3.平衡计划

频率:每天每项做两次

强度:小心慢慢地逐渐加速度。

每次时间:起始前两个月每项活动时间为 15 秒,之后最长不超过 1 分钟。每天总时间为 20 分钟。

目标:逐步积累平衡技能,为日后人生奠定基础。促进大脑额叶前区功能快速发展。

妈妈的意见:我的宝宝在＿＿＿周时可达到本目标。

第六章　脑皮质发展初期(阶段Ⅳ)

一、动作能力——走第一步

分级:幼儿。

脑阶段:脑皮质发展初期。

表格颜色:绿色。

功能:走步。但通常将手臂举到与肩同高用以取得身体平衡。

平均年龄:12 个月。

说明:正常情况下,宝宝 1 岁左右就会用手抓着沙发或矮桌的边际扶着向前走。偶尔他放开手试探走并不一定摔倒。就在此时,他通常将手臂举到同肩的高度寻找平衡,避免跌倒。初学步时,走起路来还有些不稳,两腿还是叉开着,时不时还会一下子失去平衡,往往跌倒。但他不因跌倒就停止学步,继续坚挺的练习,很少再去爬行。除非他有特别着急想到一个地方去才会爬行。如果他身边站着一个人,他会立即拽着这个人的腿站起来,并扶着慢慢练习学步。此期间,房间里各种各样的家具都会成为他的帮手。实践训练证明,有的宝宝刚满 1 岁就可以不借外力走路了。但大多数宝宝(大约 60%)还要过 2 个月左右才开始学步儿。

目的:人类特有的六大功能彰显了无可争辩的价值,人类发展学家、行为学家、神经学家对六大功能都有高度的赞许。他们一致认为,人类最了不起的进步是凭借双脚在地球上站立起来行走,彻底解放了双手,一个新的伟大世界创造就从此开始。

在宝宝人生从四足鼎立爬行向双脚站在地上交叉式走步过渡的关键时刻,爸爸妈妈一定要以积极向上的态度,支持他的学步训练,提供绝佳的学步环境。每次宝宝学步时,你尽可能同他一块走,只要坚持这样做,他一定会走得又稳又好。宝宝学步的每次成功,哪怕是微小的进步都要给他热情的鼓励。当他偶尔跌跤时,要鼓励他勇敢地站起来。爸爸妈妈不要担心宝宝跌倒。让孩子在小的时候有过一些失败或挫折不是坏事。他会把那些失败或挫折的经历将会作为长期记忆被保存在大脑后方储存记忆的前带状皮质。当宝宝在发生跌倒等挫折情况时,前带状皮质开始工作,向宝宝提出警告,可防止类似跌倒情况发生。这对爸爸妈妈来说无疑是一件好事。等待爸爸妈妈的是宝宝学步成功。

(一)活动成就计划——阶段Ⅳ:成功要素

通常习惯当宝宝在初学步时,爸爸妈妈总想牵着他的手以防摔跤,其实这样做对他学步是不利的。尽管爸爸妈妈的动机是爱的保护,但从宝宝自身成长的角度看,恰恰是剥夺了锻炼身体平衡的机会,因为你的手已巧妙地为他控制了身体的平衡。初期练习走路一个重要难点就是掌握身体的平衡能力,而身体自身平衡能力必须靠自身的实际训练才能获得。

训练实践告诫我们:当宝宝伸出一只手被爸妈牵着一起走时,他的手必须高举过头,否则将失去身体自然平衡。如果不牢牢握住你的手,就有可能摔跤。不妨你自己可以尝试宝宝这样走路的姿势是一种什么样的感觉了。当宝宝已完全能独立走路时,你爱怎么牵他的手都可以,因为他已不再需要你的平衡助力了。

宝宝初学走步的环境爸爸妈妈要动些脑筋设计,建议在地板上铺一块地毯,因为他多半是光着小脚丫在地毯上走会感到更平坦、更舒适,迈起步来脚底能用上劲。少量的矮柜等家具合理摆放能对宝宝学步起到一定的助力作用,因为家具能帮助他解决身体不平衡。一段时间过后,宝宝能独立而不靠外力行走时,可以完全抛开这些家具了。这说明他的平衡能力已有了明显的提高。

1. 共同分享快乐

爸爸妈妈当你看到眼前的宝宝独立向前迈步的时候,虽然身体还不太平稳,但他终于战胜自我,实现人生的重大转折,内心充满成功的喜悦,象征人生第一阶段——婴儿期即将结束,迎接他的是一个充满天真、快乐、活泼的新阶段——幼儿时期。作为爸爸妈妈的你们,在与宝宝分享快乐的时候,也一定会领悟出早期教育的宝贵收获。您的宝宝从出生那一时刻起就面临一个个生存的挑战。从移动—爬行—匍匐前行—到独立走路,从跌倒—爬起—再跌倒—到再爬起,面对这些种种挑战,你的宝宝表现的是那样的坚定和顽强;那样的自我和自信,创造了一个小生命的奇迹。对此,宝爸宝妈应感到骄傲和欣慰。然而,你的宝宝也为有如此关爱、呵护、教育的爸爸妈妈感到无比幸福,他肯定会铭记在心中。

早期教育专家告诉我们,婴儿期教育最关键的是用各种科学方法和语言,培养孩子的自信和勇气。这期间,爸爸妈妈除环境教育外,其中一个十分重要的方式就是拥抱和对话。拥抱是传递爱不可缺少的体现。当你的宝宝一项训练获得成功时,拥抱就是肯定的传递,告诉他以后还可以这样做;当宝宝某项训练遇到挫折，爸爸妈妈总是说"没关系，你一定行"一类的对话。这样的对话，宝宝今后就不会畏惧任何事情，勇于接受各种挑战；当宝宝面对困难大，刺激性强的训练时，爸爸妈妈从来对他不说"不行"的话，而是"试试看，你能行"。这样的对话可以激发宝宝的勇气和自信。我们深信，这些早期教育的经验已成为爸爸妈妈的宝贵财富，这多么令人珍惜啊！

2. 最佳训练的走路游戏

这个阶段的宝宝由于学会走路及其爱动，可以让他多做一些运动性的小游戏。这样，宝宝就可以锻炼自己刚学会的新技能——走路。如赠玩具、捉迷藏、踢足球等。这样的游戏，不仅训练走路，而且还可以促进宝宝在智力和语言等方面的发展。这一阶段，爸爸妈妈应该做的是：尽可能多地为宝宝提供游戏所需要的设备和条件，但不是强迫和苛求。

下面介绍赠送宝宝最喜欢的玩具，练习走路的游戏。爸爸妈妈分别准备一些小巧的玩具带在身边，分别相对站着，两人距离5步远。宝宝站在妈妈一边。站在宝宝对面的爸爸手里拿着醒目的玩具不停地向宝宝招手。妈妈对宝宝说："你是好样的，一定能拿到你爸爸手里的玩具。"果然宝宝兴高采烈地一步一步地向爸爸走去。当宝宝拿到玩具的同时，爸爸给宝宝一个热烈地拥抱说："宝宝是好样的。"稍等片刻，妈妈在对面向宝宝招手，手里拿着发出声音的小玩具，大声对宝宝说："快来拿。"宝宝回身向妈妈走去。由于宝宝小步走急一点，结果跌倒了。宝宝哭着向妈妈求救。妈妈温和地说："不哭，你是坚强的孩子，一定会抓起来。"宝宝看着妈妈没来帮助，不一会，宝宝真的爬起来了。站稳后，又向妈妈走去。这时，妈妈急着走上前去，热烈地亲吻可爱的宝宝。宝宝小手举着小玩具露出了笑容。类似这样的练习走路的游戏很多,可以不断变化形式内容。做游戏,首先是让宝宝开心,然后才是练习走路。

频率:当宝宝迈出最初几步后,高频率练习是很重要的。每天至少练20次。

强度:强度取决于宝宝走路的距离。尽量鼓励他多走,走得远一些,中间不停步。

每次时间:初始时,每次练习时间只有几分钟。当不间断行走能力增强时,每次时间会越来越长。每天至少练习走2个小时。如发现宝宝有疲劳感时,千万不要勉强他。

本阶段的目标是不间断地走40步。每天累计走200米。练习走路的目的是促进宝宝视力功能、心肺功能和肢体功能协调发展,刺激大脑皮质功能从初期向中期过渡。

(二)体能训练小结

在过去的12个月里,宝宝通过勤奋学习和训练,已经学会了很多技能。他已经可以爬、站、坐。甚至开始尝试走步了。这期间,爸爸妈妈为宝宝走步创造良好环境。因为走步不仅有利于肢体健康发育,而且,更重要的是走步更能刺激大脑变得更加聪明。难道这是真的吗?有许多爸爸妈妈对此事半信半疑。他们认为,宝宝在幼儿期多走步有益于健康,但从未想过它对大脑发育也有益处。因为人们一直认为,人类以外的动物虽然没有大脑,但它们依旧可以行走。由此可见,走步和大脑并不存在必然联系。而且有许多妈妈还认为,走步时不需要思考,所以它只会让大脑变得迟缓。20世纪初,日本大脑生理学家九宝田亮发表了一项研究成果,即人在走步时,大脑的运动区开始活动,而且哪怕是想象一下走路的姿势,大脑的补充运动区也开始运行。接下来又一项研究实验证明,将被实验者分成3组,并让他们分别以不同的速度进行正常行走。慢步行走快速行走和跑步运动。结果发现,被实验者的运动速度越快,其大脑额叶前庭区的活动部位也会不断增多。就在同一年,又一篇研究成果论文发表,主要内容是走步(跑步)会让大脑变得聪明。将被实验者分成 2 组,其中 1 组每天坚持 2 次走步,每次半个小时左右;另 1 组则完全不做任何活动。在通过两组被实验者进行了某项相同的测试之后发现,在走步之前两组的正确率均为 65%;但是,在第一组坚持了一个月的走步运动之后,其正确率上升为 85%,在坚持两个月之后,其正确率居然上升为 95%。由于了解和习惯了试题内容,而另一组被实验者的正确率也上升到 70%,但是二者的差距还是一目了然。而且,在第一组停止走步半个月后,虽然正确率趋于下降,但最终仍保持在 80% 以上。实践证明:当人在坚持走步锻炼时,大脑中负责控制各种活动的额叶前庭区就会变得非常敏锐,虽然在停止走步之后有所减弱,但仍旧保持着一定的良好效果。走步会使主管思维和决策的额叶前区变得灵活。走步刺激大脑中产生一种类似吗啡,名为"内啡肽"的脑内麻醉剂,可以使走步者产生"走步愉悦感"。在对产生愉悦感的走步者进行实验调查发现,其中大脑中位于眼球上方的额叶眶回与 ACC 的神经细胞均处于非常兴奋状态。

爸爸妈妈当你们了解上述知识后,当前最重要的任务是安排好时间,带着宝宝走步训练。早教大脑生理学家多项实验证明:坚持走步训练,可以让你的宝宝大脑变得更加聪明。与此同时,宝爸宝妈如果你们同他一起坚持 3 个月的走步运动之后,大脑中的 18 区左罗马左右伏隔阂以及 10 区均会发生增大现象。也就说走步(跑步)是最好的健脑方法。

宝宝目前正迈向成为健全的人类途中。他的大脑将从脑皮质发展初期进入下一个阶段脑皮质发展早期。如果宝宝从出生到现在爸爸妈妈一直坚持提供良好的机会和温馨的陪伴,他可能在 6 个月大就进入阶段Ⅴ,其活动智力为 300;如果宝宝有充分地机会,也有爱的关怀,他可能在 9 个月大时就进入到阶段Ⅴ,其活动智力为 200。不论他多大,只要他走路时不再用手辅助平衡就算完成此阶段的训练了。同时表明,他已跨入脑皮质发展早期阶段了。

表 6 – 1　给宝爸宝妈的建议

动作智力 离开阶段Ⅳ,脑皮质发展初期 离开阶段Ⅴ,脑皮质发展早期		
年龄（周）	动作智力	我们的建议
6	300	世界纪录?
9 12 15	200 150 120	你做得真棒!
18	100	一般标准
21 24	85 75	多给他机会
27 30 33	66 60 54	再多给他机会好好练习
36	50	快带他去寻求专业的帮助

二、操作能力——有意识的抓握

分级:幼儿。

脑阶段:脑皮质发展初期。

表格颜色:绿色。

功能:脑皮质对抗性。

平均年龄:12 个月。

说明:在阶段Ⅵ的操作能力中,宝宝能将大拇指弯向食指能捏起一些小东西。

目的:宝宝通过脑皮质对抗性用小手指抓起面包屑是一个相当重要的动作。因为大自然将给比抓起面包屑更重要的事去完成。如后来的写字、绘画等。在亲子健康乐园已有很多宝宝能用鹅毛笔画出美丽的山水画。所以说,抓起面包屑的小动作会带来宝宝日后的特长发展。

(一)操作能力计划——阶段Ⅳ:成功的要素

训练的机会、频率、强度和总时间是决定宝宝何时能完成脑皮质发展初期阶段的训练内容,进入下一个阶段的基本要素。如果给他足够的机会并鼓励他用脑皮质对抗功能去做较困难的动作,不仅培养他的操作智慧,而且也会刺激大脑结构的良好发育。

1.做抓攀前进准备

宝宝正式做抓攀前进之前要做如下准备:要认真检查攀缘木梯的安全,做到防患于未然;要把防护垫子摆放到正确位置,并清理地面上所有的杂物;要掌控梯子与地面的高度,梯子横杠之间的宽度一定要适合宝宝抓握。其中还有一项最重要的准备就是"岗前培训"。爸爸妈妈把宝宝带到攀梯旁,给他讲如何做攀缘游戏。爸爸妈妈或家人做示范给宝宝看,一遍不行可以多遍。同时在横梯另一端挂上猴子之类的玩具。组织家人做攀缘活动游戏——"抓小猴子"比赛,看谁最快抓到小猴子。通过这样的游戏,教他学会模仿大人的攀缘动作,激发宝宝的兴趣,喜欢做攀缘抓猴子游戏。对宝宝的培训要循序渐进,直到他不仅喜欢了,而且急着要去做。爸爸妈妈抱起宝宝小心地尝试抓握。

至此,你的"岗前培训"成功了,可以进行实际操作训练了。

2.抓攀前进训练

宝宝初学攀缘时,最好有3个贴身教练,爸爸、妈妈、哥哥。他们的分工:妈妈是主教练,其余2人是助理教练。开始时,给他戴上一朵小红花,对他加入家庭攀缘队伍表示欢迎。热烈鼓掌之后,妈妈抱起宝宝告诉他双手抓住梯子横杠。小哥哥也跟着做同样的动作,在宝宝前面做示范。爸爸面对宝宝站在侧面,各就各位后,妈妈说:"抓小猴子游戏现在开始。"小哥哥就一个梯杠又一个梯杠向前攀行,宝宝慢慢随身其后,小哥哥的动作完全看在眼里。在妈妈的指挥下并拖着他的下身防止掉下来。最初,他的双手抓住梯杠不敢单手交替,但由于妈妈牢牢的拖着下身,凭借妈妈给的前后摆动的助力,终于敢松开一只手向前一个梯杠抓去,紧接着另一只手也模仿的抓住另一个梯杠。可爱的宝宝终于迈出了攀缘的第一步。由于前边有小哥哥的示范,他渐渐地学会了模仿。一周后,只要妈妈给一点助力,就可以慢慢地向前攀行了。半个月后,宝宝通过多次训练,有了眼、手、上肢、腰、下肢综合协调的体验,感悟到有一种节奏感了。一个月后,宝宝已经能独自攀缘前进了。现在,宝宝可以报名参加亲子健康乐园每月举办幼儿攀缘比赛,因为他从出生之日起就是协会会员了。该乐园每月将举办12个月大以上的幼儿各种训练项目表演,包括"园外课程计划"的幼儿。

3.全家都做攀缘锻炼

攀缘是一项极好的运动。它不仅老少皆宜,而且全家受益。每个成员(高龄老人除外)只要稍加练习都可以参加。除了有利于身体健康外,更重要的是为宝宝做老师示范,激发他的兴趣,促进宝宝健康成长。实际上,每当家人做攀缘锻炼时,宝宝都看在眼里,记在心上。特别是他看到家人做一些娱乐活动时,宝宝心里也非常高兴,被家人的快乐所感染。这种无声的教育滋润宝宝幼小的心灵,激发"我要做攀缘"的欲望。爸爸妈妈要不断地鼓励他"宝宝行,试试看",家人们伴以热烈鼓掌表示期盼,对此,宝宝内心很理解,同时流露出"我要做"极其兴奋的表情。他努力模仿小哥哥的示范动作取得成功时,爸爸十分高兴地把他抱起来抛向空中,家中人们大声欢呼:"太棒了",简直是"攀缘小英雄"。宝宝这时也跟着拍小手,发出了"呵呵"的笑声。一个刚满12个月的孩子竟然做出成人难以想象的动作,实在令人惊叹!这一训练实例正如英国幼教专家詹姆斯特劳所说,每一个幼儿都是神童,因为他们都具有成人意想不到的潜能。这种潜能需要挖掘。

4.抓攀缘前进穿装

因为抓攀缘前进是一项协调性很强的训练,所以需要宽松、舒适、得体的穿着。厚重或多层次的衣着会使动作变得不顺畅,外套或大衣会使动作困难重重。建议:纯棉幼儿运动套装应该是最佳选择。学做攀缘的宝宝绝对不能穿鞋子。穿鞋不仅增加体重,而且还会影响身体摇动。光脚或穿薄一点的袜子就可以。

5.攀缘前进计划

频率:每天10次攀缘前进训练,5次悬吊练习。

强度:单手抓握交替前进。自己负担全身体重。

每次时间:每次30秒。

本阶段的目标是通过操作计划让宝宝在你的帮助下,能完成横梯全程攀缘前进。

(二)体能训练小结

回忆宝宝攀缘前进之所以能获得成功,给人们一种奇迹般的表现,除爸爸妈妈帮助外,还有一个重要原因就是给宝宝提供了良好的示范。小哥哥和家人的规范动作是宝宝最有效的学习机会,这种学习叫模仿学习,它是幼儿时期宝宝获得认知的最重要的形式。20 世纪 90 年代,意大利猴群研究专家里佐拉帝发现,在大脑的额叶右 44 区和右顶叶中存在一种名为"镜像神经元"的神经细胞。镜像神经元会在人进行模仿时开始进行,当看到别人良好示范时,大脑镜像神经元就会开始工作,随之就明白告诉你如何去模仿。如果想让宝宝学习攀缘前进那就请家人为他做演示;如果想让宝宝跑得快,那就让他观察跑步速度快的人是如何做到这一点的。但是有一点必须注意:无论是优点还是缺点,镜像神经元都可以模仿。因此,爸爸妈妈一定要为孩子提供正面示范。如果身边没有技能运动的人,可以通过观看录像的方式让宝宝进行学习。

不过,当宝宝看良好示范时,最好不要急于操作模仿,因为这时需要将他看到的示范动作在大脑中影现一遍。这好似把拍照的影像冲洗出来在看一遍底片的认识过程。这样一来就可以很好的应用在工作记录系统,随后根据自己的工作记忆进行练习时,所模仿的动作就会在大脑中回放,同时额叶前区也会得到很好的锻炼。

现在你的宝宝已经快到 1 周岁了,他可以不借助外力走步。期间,宝宝还不知不觉地学会很多技能:可以目标明确地抓起一个东西;还可以随意把手松开;眼睛和手融合也越来越默契;另外,宝宝现在已经有了一定的空间感。在下一个阶段里,宝宝还将通过模仿学到许多新技能,细心的爸爸妈妈会发现,其实宝宝每天都在进步。

你的宝宝已开始进入脑皮质早期所掌控的阶段。如果你的宝宝从一出生就执行这项计划,并持之以恒。那么 9 个月大的宝宝的操作智力应该是 200;如果你的宝宝已经 3 岁了,而他达到上述程度的时间约在 1 岁半时,他的操作能力应该是 100。其他年龄与操作智力请对照下表。

攀缘前进在人类发展史上经历了漫长的演变过程。在浩大的动物世界中,攀缘前进顶级元首应该是长臂猿。在动物园中你会看到他的高超的表演。他凭借善于摆荡的长臂,抓住笼子的边缘或荡索就能一下子横越栅笼的另一端。长臂猿之所以具有横越功能,这同他的身体结构有关,有其他动物都不具有的特长前臂和宽厚的胸部以及高度灵活的双腿。他常年栖息在树上,避免地面上其他动物的侵袭。生存的条件和环境锻炼了他过硬的攀缘本领。

美国著名人类发展学研究专家卡尔顿在他的《亚当和龙》一书中对人类攀缘演进有一段生动的描述:在数百万年前,我们树居的祖先们生存在高山树野中,攀缘前进是他们重要的生存方式,如有不慎就可能有致死的危险。每次跨越都有可能是演化的契机。强大的选择力量造就了轻巧、敏捷、双眼视觉、双手多变功能,而且是直接对抗地心引力者。这种种技巧都需要大脑特别进化才有可能做到。而我们的祖先的大脑皮层刚好具备了这种功能。

人类今天的智慧是祖先经过数百万年树居演化而来。如今,当我们再度回到充满阳光的树林中时,试问,我们还能够身轻如燕地在树间活动吗?

表 6-2　给宝爸宝妈的建议

动作智力 离开阶段 IV，脑皮质发展初期 离开阶段 V，脑皮质发展早期		
年龄（周）	动作智力	我们的建议
6	300	世界纪录？
9 12 15	200 150 120	你做得真棒！
18	100	一般标准
21 24	85 75	多给他机会
27 30 33	66 60 54	再多给他机会好好练习
36	50	快带他去寻求专业的帮助

三、被动平衡计划

前面几章中讲述的被动平衡计划使宝宝有了练习走步所需要的平衡感，现在宝宝已加入走步的行列可以迈向阶段 V 了。继续做被动平衡计划中项目的目的是为了更多刺激大脑额叶前区细胞形成突起，促进宝宝平衡能力进一步发展。

频率：每天至少将 10 项被动平衡运动做 2 次。

强度：当你已经做了 4 个月被动平衡计划后，可逐渐加大旋转和摆动的速度。

每次时间：每次 1 分钟。每日总时间为 20 分钟。

目标：为宝宝适应主动平衡计划训练夯实基础。

阶段 IV：母亲的每日检查表。

（一）动作计划

频率：每天走 30 次，每次走 2~3 步。

强度：鼓励多走，中间不停下走。

每次时间：每次时间不要过长。全天 2 个小时。

目标：走 40 天，每天走不停下来，全天共走 20 米。

妈妈的意见：我的宝宝在＿＿周时达到此目标。

（二）操作计划

频率：每天 10 次攀缘前进，5 次悬吊训练。

强度：不依靠别人助力，自己完全支撑自身体重。

每次时间：每次做 30 秒。

目标：每次都做完横梯全程。

妈妈的意见：我的宝宝在＿＿时可达成此目标。

（三）平衡计划

频率：每天至少将 10 项被动平衡运动做 2 次。

强度：当你已做了 4 个月的被动平衡计划后，可逐渐加大旋转和摆动的速度。

每次时间：每次 1 分钟。每天总时间为 20 分钟。

目标：为宝宝适应主动平衡计划训练夯实基础。

妈妈的意见：我的宝宝在＿＿周时达成此目标。

第七章 脑皮质发展早期(阶段Ⅴ)

一、动作能力——走步

分级:幼儿。

脑阶段:脑皮质发展早期。

表格颜色:蓝色。

功能:走步不再以手臂作为平衡助力。

平均年龄:18 个月。

说明:正常情况下,每个宝宝都学会走步了。以前他学步时总是举着手臂做身体平衡的助力。现在他的双手已彻底解放了,会有意识、主动地玩玩具。例如,他玩着玩着就想把玩具递给妈妈手里或放进一个盒里去。甚至,还把一些小玩具插进如瓶口大小的小口中去。到了这阶段,宝宝几乎每天都不停地走,享受独立行走的乐趣。他总是哪里都想去,什么都想碰,即便是一些不该去的地方,如电视机旁,通电插座处等都想去看看、摸摸,表现出极强的好奇心。这期间,宝爸宝妈一定要加小心。一方面,为了宝宝健康成长,你必须给他提供足够的空间,满足他探索的欲望;另一方面,活动空间变大了,也就意味着危险系数升高。所以,只要靠你们的细心呵护才能让宝宝远离危险。

目的:当人类发现自己不再将手臂举得高高的以换起平衡那一刻,他就成了地球上有史以来第一个能用手劳动而创造世界的人了。脑皮质发展早期阶段的走步,不一定在走步时手里还能拿东西。为了让宝宝走得更稳、更熟练、更快一些,他将开始学会使用双手,这无疑是他的一大进步。

(一)活动成就计划——阶段 V:成功的要素

最理想的环境就是让宝宝在各种不同的地面上练习走步。例如:光滑的地板、铺地毯地板、水泥地面、草地、沙地、柏油路、冰面上和雪地上等。为了让宝宝在各种不同的地面环境走步获得更多的体验,爸爸妈妈不能枯燥地让他在地上走。不妨可以根据地面情况做各种有趣的游戏。比如,"打滚儿"游戏。对宝宝来说,"打滚儿"是一个超级有趣的游戏。走步累了,可以躺在地毯上休息。你先给宝宝做一个示范,也躺在地毯上,整个身体从一边滚向另一边,然后让宝宝模仿。你们也可以并排躺在一起,向相反方向滚动,然后再相对方向滚到一起。到了夏天啦!你们可以到室外的草地上打滚儿,找一处稍有坡度的草地,让宝宝从上面慢慢滚下来!(这时你可以让他一个人自己滚下来就可以了,不必再陪宝宝一起滚。)需要注意的是坡度不要太陡,否则,宝宝滚得太快的话很容易受到伤害。除介绍"打滚儿"游戏外,还有许多游戏可以和走步结合起来练习。如果在光滑地板上、水泥地上、柏油路上做"踢球球"游戏;在沙滩上可以做"追逐游戏";在雪地上做"小雪人"游戏等。走步加游戏是一个不错的训练方法。

1. 小步行者着装

宝宝走步如何着装?我们建议:宝宝走步时穿长衫和长裤比较好。因为它可以起到自然保护皮肤的作用。至于鞋子嘛,最好穿运动鞋,走起步来会很舒服。

2. 发现之旅

爸爸妈妈带着宝宝一家3口人出门散步是最开心时刻。对宝宝来说,要事先让他知晓每段路程到达的名称。你可以这样说:"现在我们要走到前面那个黄色电话亭啦!"刚开始时,你要每隔4~5米就给宝宝指明一个目标。等宝宝再大一点时,就把目标定得更远些。还可以一次性地告诉他接下来好几个目的地。还可以这样说:"我们先要走到前面那红绿灯附近,然后继续往前走,一直走到拐角的那家面包店。"散步对宝宝来说,绝对是一次发现之旅。路上你可以在路边捡起几片不同的树叶,让他仔细看它们之间到底有什么不同,让每天例行散步变成一次次的发现之旅。宝宝一定会渴望这种散步——幸福时刻的来临。

3.上下楼梯训练

宝宝18个月大时就可以开始学习爬楼梯了。找到一处较为平稳的楼梯,握住他的小手,一起往上攀。先练上楼梯,熟练之后再练习下楼梯。每次蹬台阶不要超过3阶。如果宝宝已经蹬的很熟练了,在下到最后一阶时,可以尝试从上面直接跳下来! 这对宝宝来说是一个不小的"冒险"啊! 他会格外兴奋、爸妈一定要在身边看护。

4.在3种不同的地面上行走

亲子健康乐园多年早教实践证明:宝宝在3种不同地面上训练走步时非常重要的:

路面一,平坦的路面。平坦的路面是人正常行走的路面,这对宝宝来说是很理想的。他在平坦无任何路障的路上行走没有顾虑,可以放心大胆地走,可以抛开双臂大步走或快步走,可以走的轻松、自如、更可以走出宝宝的风采。

路面二,平坦的坡路。平坦的坡路是人正常行走经常遇到的。然而对宝宝来说都是第一次尝试。开始时,他并不知道怎么走? 但现在的宝宝是有办法的——模仿是最好的学习方法。此时你会发现,宝宝的小眼睛不停地看着在他前面走的行人,瞧着前边人走的姿势,跟在后面也慢慢地走起来,不知不觉地走到了终点,当他往下坡走的时候,感觉比上坡走得快,如果控制不好身体平衡就容易跌倒。经过多次走坡路的训练,宝宝就能比较好地学会掌控身体重心平衡能力,走这样坡路对宝宝来说已不成问题。

路面三,凹凸不平的路面。凹凸的路原本不是路,后来走的人多了就变成了路。这样的路有小土坑和小土包,有小块碎石和小水坑。大人在这样的路上行走势必要做些选择,所以走起来总是东一拐西一拐的。选择的目的是掌控身体平衡和尽量减少体力消耗。这样的路让宝宝在上面行走是很困难的。除了经验和体力外,更重要的是他不知道怎样选择走。唯一的办法是跟在爸爸妈妈身后慢慢走。走 1~2 米远就可以了。其目的是让宝宝感知路是不一样的,有平坦的路、有坡度的路,还有凹凸不平的路,只要需要什么路都得走。幼教专家实践研究得知,人越是走在不平坦的路上,比如鹅卵石路就越刺激大脑顶叶前区细胞突触的形成和发育。

5. 不同路面的走路训练

首先,让宝宝在室内和室外的平坦路上走。同时还要练习爬楼梯。当这两项训练做得不错后就进入下一步骤。其次,在我们已经较详细说明过的 3 种不同路面进行走步训练。再次,从第一种路面开始,每天只走很短的时间;在每种路面不停地走 30 分钟;然后计算 30 分钟共走了多远的距离。

在第一种路面训练的基础上进入第二种路面。在比较好的接受第二种路面的基础上,再进入第三种路面训练。当第三种路面走得比较熟练的基础上,可以进入 3 种路面综合训练,每天 3 种路面各走 20 分钟,并逐渐加快速度,尽可能在规定时间内走得远一些。

频率:根据宝宝体力逐渐增加 3 种路型的训练。

强度:由宝宝走步的速度和距离所决定。很显然,走的速度越快,就愈早学会跑步。

每次时间:各种路面每次走 30 分钟。

目标:宝宝能在平坦的路面 30 分钟内走步 500 米远。

(二)体能训练小结

宝宝已 18 个月大了,走步对他来说已不是很难的事。尤其是又经过不同路面的训练和蹬楼梯高难度的尝试,对走步有了更深层次的体验。当然,他现在的动作还不太娴熟,为了保持平衡小手还不得不扶稳把手,而且两只脚只能先后蹬在同一个台阶上,下台阶时会很慢,因为难度系数比较大。一般地说,到了 3 周岁时,宝宝就可以无须把手轻松自如的蹬台阶了。另外,宝宝走坡路也有很好的表现。通过模仿学习很快就适应了坡路的行走。宝宝现在已经是一个真正的步行者了。同时,你稍加注意发现,宝宝快步走的时候,竟然端起双臂前后摆动,神态变得十分兴奋,这说明大脑皮质已发出信号,宝宝学习跑步即将开始。

跑步是由脑皮质发展基础期所控制的动作,他已证明自己已跨入此阶段,开始进入大脑发育更高层次了。若宝宝在 12 个月大时能手脚交替地跑步,他的活动智力为 300。若在 1 岁半就那么做,他的活动智力则为 200。若在 3 岁左右才这样做,他的活动智力仅为 100。下表可供你查阅其他年龄孩子的相关测评情况。无论他多大才开始做,这都是一件可贺的大事。因为他已经进入到人类大脑最高层次的发育阶段了。

表7-1　给宝爸宝妈训练宝宝走步的建议

动作智力 离开阶段Ⅴ,脑皮质发展早期 离开阶段Ⅵ,脑皮质发展基础期		
年龄(周)	动作智力	我们的建议
9	400	世界纪录?
12 18 24	300 200 150	你做得真棒!
30	120	一般标准
42 48	85 75	多给他机会
54 60 66	66 60 54	再多给他机会好好练习
72	50	快带他去寻求专业的帮助

二、操作能力——两侧脑皮质对抗

分级:幼儿。

脑阶段:脑皮质发展早期。

表格颜色:蓝色。

功能:完全独立行走的小大人。

平均年龄:18个月。

说明:宝宝现在已经能用两只手同时各拿一个东西,由此来锻炼手指的灵活度,为发展双手功能奠定基础。

目的:宝宝无穷尽的好奇心驱使他将一切拿得起来的东西,不论大小、形状、材质、重量、只要他喜欢,就想拿起来放在眼前瞧瞧。通过训练充分锻炼双手功能,更有效地刺激大脑,使大脑活性化,为有朝一日在维也纳音乐厅演奏小提琴,或在奥运体操比赛中勇夺金牌。创设一个宽松的训练大脑皮质两侧对抗环境,热情鼓励他勇敢尝试,促进更高水平的操作能力和脑部控制操作区域的快速发展。

（一）操作成就计划——阶段Ⅴ:成功的要素

为培养宝宝双手协同动作能力,宝爸宝妈要开动脑筋,尽可能多的创造条件和机会加大双手协同动作能力训练,满足宝宝自身发展需要,不妨可做一些有利这方面发展的游戏。比如摸宝奖励游戏。这个游戏请妈妈配合。准备两个不大的小纸箱,把宝宝平时很熟悉的东西分别放到两个小箱子里。一个箱子里放小食品。（如饼干、糖果等）;另一个箱子里放各种小玩具。（如小熊猫、小皮球等）。游戏规则是同时用左、右手将箱子里的小东西都抓出来。之后,再把原箱里的东西全部放回去。完成后,将他最喜欢的东西奖给他。这样的双手协同动作活动游戏不仅有利双手协同动作功能发展,而且更能对大脑前庭区域带来各种各样的刺激和影响。

1.让攀缘前进成为好玩的游戏

如果将攀缘前进变成一种好玩的一种游戏的话,那你的宝宝学攀缘前进就容易多了。在亲子健康乐园里,攀缘前进是最受宝宝欢迎和喜爱的课程。在这里无论是园内课程计划还是在园外课程计划都有详细的规定。所不同的园内课程计划是由本园教师负责实施,园外课程计划是由父母具体实施,但必须接受园本教师的具体指导和跟踪。按乐园规定,每月根据课程计划深入到园外课程计划的协会家庭走访督导。记得,那天是双休日,我们到了贝贝家。他的爸爸妈妈都在国家机关工作。刚在客厅坐下,3岁的宝宝硬将我们拉进爸爸妈妈的卧室,那是他练习攀缘前进的地方。攀缘横梯安装在宽敞的阳台上。这时,贝贝十分兴奋,快步走到一个玩具箱前,从玩具箱里拿出一个小猴子玩具,送到妈妈手里,示意让妈妈把小猴子挂在攀缘梯另一端,准备做攀缘"抓猴子"游戏。妈妈笑着对老师说:"这是他最喜欢的一种游戏。"说着就将贝贝抱起来走向攀缘梯。这时,妈妈大声宣布:"抓猴子游戏现在开始!"此时你会看到他的两只小手非常敏捷地握住横梯蹬,妈妈稍给一点助力,两只小手快速交叉式向前抓握攀行。此刻,我们被贝贝如此熟练的动作惊呆了,大家报以热烈的掌声。妈妈即刻把小猴子摘下来交给了他。贝贝手里抱着小猴子小步跑到爸爸面前,爸爸接过小猴子说:"你做得真棒!奖励一个大苹果。"贝贝高兴得跳起来。转眼间,他又跑到玩具箱前,从箱子里拿出一个小兔子又走到妈妈面前,妈妈笑着接过小兔子又挂到攀缘梯另一端。接着,贝贝又跑到电视机前,小手灵巧地打开了播放机,传出儿童播音员的声音:"小朋友,你们好?请你做好准备,现在开始做攀缘前进游戏了。"播放机播放攀缘前进歌。爸爸妈妈同时加入播放的歌声中:前进,前进,攀缘向前进!放左手,向前进,向前进!放右手,向前进,向前进!攀到终点,抓猴子,抓住猴子,向前进,向前进,向前进!贝贝就这样在歌声中又出色地完成了全程攀缘。贝贝手抱着小兔子小步跑到老师面前,激动的老师把贝贝抱在怀里,热情地亲吻并说:"你真是一个好孩子,阿姨爱你!"这是多么发人深省和启迪的一堂攀缘训练课啊!

为了尽快让宝宝掌握攀缘前进技巧,还可以做一些辅助性的训练:

(1)打秋千。打秋千是宝宝感兴趣的活动。将秋千挂在门框上、楼梯上或户外的大树上。(详见附录说明)让宝宝坐在上面,两只小手紧紧抓住两根秋千吊绳,爸爸妈妈在一旁保护,给一点助力,让他身体前后荡来荡去,体验摆荡的感觉,领悟攀缘前进所需要手臂的技巧。

(2)门框上打秋千。将一根木棍固定在宝宝能够得到的门框两端。只要他喜欢玩,就能自己抓住木棍,让身体前后摆动。

(3)在床上打秋千。将一个木制的横梯架在床的正上方(中间位置)。只要宝宝站在床上,两只小手向上一扬就可以摸到横蹬,当小手握住横蹬后,爸爸妈妈就可帮助他在床上打秋千了。这种有趣的训练环境,不仅很安全,而且更能激发兴趣。

(4)水上打秋千。如果家庭有自己的游泳池,可将横梯架在游泳池水非常浅的一侧,降低横梯的高度,宝宝全身一半在水上面,一半在水下面,双手抓住横蹬后,在爸爸妈妈保护下可以用双脚做打水游戏。还可以把横梯升高,宝宝全身离开水面,做打秋千游戏,这对他将产生很大刺激,带来全身心的快乐。安全提醒,爸爸妈妈万不可离开。

2. 做一名合格的贴身教练

由于宝宝越来越喜欢攀缘前进游戏,客观要求你必须成为一个合格的贴身教练。所谓合格教练就是一面帮助宝宝做练习,一面保护他的安全。若你将横梯装的低一些,低到孩子的脚尖只离地面两寸左右,那就大大减轻你的负担;若你将横梯提到大人站立的高度,不论你的孩子做得多么好,贴身教练的保护作用就显得尤为重要。

(1)坚持贴身保护。有家长提出在宝宝接受训练时,大人是站在身前还是站在身后哪种实施安全保护更好? 这个问题不能做统一规定。如何实施保护一定要因地、因人、因时而定,各有利弊。如果你站孩子身前,其好处是能观察到他的面部神态和表情,更能同他面对面交流对话,如需要采取应急措施可能更快捷,但可能影响身体摆动前进;如果你站在孩子身后其好处是能一定程度减少孩子的紧张状态,更好地目视前方,可以更多地接受助力,比较大胆地抓握前行。但由于看不到孩子面目表情无法采取应急保护。

(2)牢牢抓住腰带。对一个还不满2周岁的宝宝来说,毕竟还是一个不熟练的攀缘,所以施以安全保护非常重要。亲子健康乐园训练实践证明,可参照3种情况适时保护:如果宝宝穿的裤子有口袋,那就将双手伸进裤子口袋里,抓紧裤子施以保护;如果宝宝穿的裤子系有腰带,那就抓住腰带施以保护;如果宝宝身小体轻,那你可以紧把他的臀部施以保护。无论采取哪一种方式,只要保护宝宝人身安全就可以。

(3)强化交叉式训练。宝宝做攀缘前进训练最关键的是双手握住梯杠。所以,保护者一定要注意观察双手握梯杠的变化。一旦发现他的手握有松动,就马上采取应急措施,瞬间把宝宝抱住避免伤害。你要告诉他,当身体重心向右摆动时,凭借摆动的惯力,立即松开左手,身体向前倾,抓住前边的梯杠,形成交叉式攀缘前进,做到眼、手臂、腰、腿协同动作。其中最起作用的是臂力。

(4)培养摆荡技巧

摆荡是攀缘前进最重要的技巧。成年人做攀缘前进运动时,你看他举起双臂一跃手就抓住梯杠,然后左右摆动身体,主要靠臂力迅速攀行。而宝宝做攀缘就像长臂猴似的,在爸爸妈妈助力下,身体在摆动着,小手很轻松的一左一右交替前行。可见,他已经是一个比较熟练的攀缘小运动员了。因为他通过反复的训练已经较好地掌握了"交替"技巧和能力。这种能力就是单手支撑自己的身体体重不松手。而且已不需要外界的任何助力了。

(二)体能训练小结

宝宝成长到这个阶段,他的双手活动能力越来越灵活了。单手或双手都能捡小东西,把各种玩具一件件地放到小箱子里。一会从小箱子里把玩具拿出来,玩一会又放回去。而且他还会一手持箱子,另一只手将玩具放进去,两手一起玩玩具。更有意义的是,他把积木按着大小或颜色分别摆起来,有时候还把积木摆满地。这时候,爸爸妈妈一定要尊重他的举动,千万不要阻止他。因为这对宝宝思考能力和创造力的培养有好处。

现在你的宝宝已经出色地完成本阶段脑皮质的功能。他在你的协助下,即将迈向更高层次的脑皮质基础期。如果你的宝宝能以一手为主,另一手为辅的方式做几种不同的活动时,他将进入靛色的表格中了。如果他是 36 个月大,操作智慧为 100。下表可供你查阅其他年龄段的相关表现。宝宝如此圆满的训练结果是因为宝宝一出生就开始执行园外课程计划的结果。

频率:每天做 15 次攀缘前进。多做把小东西从小箱子拿出、放回的功能训练。

强度:依宝宝所需给予的帮助。

每次时间:做完单程攀缘前进所需要的时间。

目标:学会双手同时取物,做攀缘前进能自己支撑身体体重。

表7-2　给宝爸宝妈训练宝宝攀缘的建议

动作智力		
离开阶段 V ，脑皮质发展早期		
离开阶段 VI，脑皮质发展基础期		
年龄（周）	动作智力	我们的建议
9	400	世界纪录？
12	300	你做得真棒！
18	200	
24	150	
30	120	继续这么做
36	100	一般标准
42	85	多给他机会
48	75	
54	66	再多给他机会好好练习
60	60	
66	54	
72	50	快带他去寻求专业的帮助

三、主动平衡计划——为体操训练做准备

（一）前提条件

如果你的宝宝现在才开始做主动平衡计划的话，根据亲子健康乐园课程计划要求，必须利用 4 个月时间补做被动平衡计划课程的全部内容。这是因为：婴儿期的被动平衡计划是他的大脑处在中脑发展阶段，大脑前庭各项功能尚需进一步完善。前庭系统与大脑其他功能一样是要通过各种刺激才能健康发育。对一个快速成长的幼儿来说，他从出生到现在一直没有接受长达近 10 个月的被动平衡计划课程训练，一步就进入主动平衡计划课程训练实在太困难了。这好比你让一个参加他从未学过相关知识的考试，岂不是强人所难了。解决的办法是补课应

训。如果你的宝宝已全部完成被动平衡计划训练,那么从现在起接受平衡计划是顺其自然的事。与此同时,在主动平衡计划开始后可逐渐减少被动平衡计划的课程训练。

所谓主动平衡计划就是宝宝从过去的被动平衡计划由父母抱着做变成由宝宝自己主动做的平衡计划。父母由主动角色转变为辅助角色。

(二)成功的要素

主动平衡计划安全训练准备:

1.穿着要求。主动平衡计划宝宝的着装建议:宽松的马秋衫或 T 恤衫仍是他做训练时恰当的衣着。他必须光着脚、不穿鞋。

2.室内环境要求。标准防滑地板。清除堆放地板上的杂物家具等。

3.室外环境要求。宽敞平整的地面,良好的天气状况,用围栏圈定的场地。

4.聘请辅助教练。教练是身为父母的一项重要角色。因为宝宝在独立做动作之前,需要爸爸妈妈的辅助,需要以教练身份同宝宝一起练习,需要在必需时保护他的安全。主动平衡计划训练对宝宝要求比较高,因为它是为做高级平衡训练做准备的。当宝宝主动平衡计划结束后,他就可以参加体操、潜水或芭蕾等高级动作的训练了。其中,体操是最高级的平衡运动,它在翻滚、跳跃、旋体等动作中都表现出赏心悦目之美。爸爸妈妈要创造条件为宝宝提供体验机会。

5.当好啦啦队长。在宝宝训练时,会经常做出许多精彩、漂亮的动作。此时,爸爸妈妈要当好啦啦队长。"用力、加油、太棒了""成功了"等鼓励、赞美的语言。让这些热情的回馈使宝宝感受到爸爸妈妈是永远同他在一起的。

（三）主动平衡计划训练

1. 翻滚

在被动平衡计划中,爸爸妈妈已帮助宝宝在婴儿期的时候从不同的角度做过翻滚的训练,不过,那时他才几个月大,能从肚子翻向背,然后又从背部翻向肚子。只要能做简单的翻滚,不论宝宝几个月大,他都可以加入独立的翻滚课程训练了。具体训练步骤:

步骤1:当宝宝能独立翻身时,你就可以跪在他身体的一侧,用两手一起翻他的身体,滚向远离你的方向。接着,跪着走过去再帮他继续向外方向滚。然后再反过来做同样动作。

步骤2:当宝宝能独立翻滚几圈后,你就躺在他身边与他做同样的翻滚动作,向身体左右时针方向翻滚。

步骤3:当宝宝翻滚比较熟练后,可逐渐增加连续翻滚的圈数。如果场地受限,就在原地来回训练。

频率:初始时每次只滚1圈,每天做10次。当连续翻滚的技巧成熟后,每天做4次,每次向左右方向各连续滚动5米。

强度:当连续翻滚技巧成熟后,鼓励他越滚越快。

每次时间:每次时间由于连续翻滚技巧成熟而自然增时,每天总时间不少于5分钟。

2. 前滚翻

宝宝在脑皮质发展初期平衡计划训练中,头朝下腿朝上的旋转训练已为前滚翻动作做了准备。期间,最重要的是宝宝的大脑前庭旋转适应能力得到强化。

当宝宝能以走路的方式移动,并能一边走一边手中还拿着东西时,也为前滚翻做了准备。期间,刺激他的大脑腹侧被盖区延伸出一些神经细胞轴突,这些细胞轴突前端生成了许多突触。

当人在受到适当刺激的时候,这些突触影响运动的运动联合体,使运动联合体的功能不断加强。这足以证明,宝宝大脑皮质发育已具备做前滚翻的条件。

如果爸爸妈妈做几次前滚翻给宝宝看,你就会发现 16 个月大的宝宝会弯下腰,将头顶在地板上,从他的两腿间向后看,有时还会前滚过去。宝宝就在那时已经有了前滚翻的体验。你是否还记得,宝宝六个月大左右还不会走的时候,让宝宝的头轻触在软垫上,一手护头,另一手抓住屁股,轻轻地将他翻过去,使宝宝体会到以身体为轴的翻转感。现在宝宝已 18 个月大了,爸爸妈妈只要稍加指导,先护着他的头,然后在他的屁股上轻轻一推就成功了。

在对宝宝正式训练时,爸爸作为教练要一边示范一边讲解要领,让宝宝身临其境的学习。告诉他,头要顶地,两只手用力支撑身体,下巴低于肩部,两腿尽量向前(手的方向),运用蹬地的惯力,将双腿立起来后迅速弯曲,向前翻滚,使整个身体翻了180 度,之后,双腿弯曲着地,再运用翻的惯力,快速起身。考虑宝宝初学的困难,可以将垫子成 18 度以上坡度,这样有利宝宝初学者翻滚。待基本要领掌握后,可移到平坦地面上。此项训练,爸爸妈妈要重点保护好腰部,防止扭伤。

频率:初始每天做 5 次。熟练后,每天做 15 次。

强度:初始慢慢翻;熟练后加快翻,鼓励连续翻,越翻越快。

每次时间:速度和时间成反比。速度越快,时间就越短。每天总时间为 5 分钟。

3. 走平衡木

亲子健康乐园制定各年段的课程训练计划的特点,一般都具有一定的科学性,严谨性、连贯性和目的一致性。平衡计划的制订也不例外。宝宝从出生到现在所制订的平衡计划训练的目的是让宝宝通过训练体验平衡感,培养掌控身体的平衡能力,为日后人生全面发展奠定基础。

宝宝现在已进入脑皮质发展早期阶段了。这个阶段是以走步为标志,向更加全面地体能发展阶段发展。宝宝目前的走步已经很像样子了。应该说,这是他刻苦训练的结晶。回顾前一阶段,他经历了不寻常的考验:曾在平地走、坡路走、凹凸路走,甚至在恶劣环境下,风雨交加的泥泞路走。这些走步的严格训练培养了百折不挠的坚强意志,锻炼了主动挑战自我的勇气,积累了丰富多彩的人生智慧。平衡木是高难度的训练,相信宝宝在困难面前不会退缩,将以新的姿态,去迎接更大的挑战。

平衡木训练步骤方法:

(1)在地板上贴一条长8尺、宽4寸的胶带作为简易替代平衡木,练习在上面走,比比看谁走得快而又不掉下来。在替代平衡木上可以反复练习。

(2)将宽4寸、高2寸、长8尺的木板放在地毯上,成为一个象征性平衡木。爸爸妈妈陪同宝宝一起练习在上面走。如果你希望他的大脑发育良好就不要去辅助他。训练实践证明,你帮的越多,他学的就越慢。为了宝宝的安全,你可将平衡木沿墙摆放,这样他身体一旦失去平衡完全可以借助墙面来调整身体平衡,避免跌倒摔伤。

(3)自己制作一个宽4寸、高4寸、长8尺的平衡木(详细请参照附录)。尝试在自做的平衡木练习。

频率:每天在替代平衡木或象征性平衡木走10次。

强度:强度是指从简易到象征,再从象征到自己制作平衡木的训练质量。鼓励越走越快。

每次时间:每次时间 30 秒。全天总时间为 5 分钟。全天 3 种平衡木练习时间为 15 分钟。

目标:提高平衡能力,为学习体操做准备。

(四)阶段 V:母亲的每日检查表

1. 动作计划

频率:依据在不同路面训练来决定。

强度:鼓励走得越快越远。

每次时间:每天在 1 至 2 个路面练习 30 分钟。

目标:在平地上 30 分钟内不停地走 1 500米。

妈妈的意见:我的宝宝在____周时达成此目标。

2. 操作计划

频率:每天攀缘前进 15 分钟。练习多捡小东西。将小东西从箱子里拿出拿进。

强度:逐渐松手,自己承担体重。

每次时间:每天完成 15 次横梯攀缘全程。

目标:在支撑 25% 体重下,每天完成 15 次攀缘全程。学会两手同时取物。

妈妈的意见:我的宝宝在____周时可达成此目标。

3. 主动平衡计划

频率:翻滚、前滚翻、走胶带、走木板、走自制平衡木每天各 10 次。

强度:独自做,逐渐加快速度。

每日时间:5 种项目训练各 5 分钟。每日总时间为 25 分钟。

目标:培养更复杂、高难度所需要的平衡能力。依靠自己的力量完成各项训练。

妈妈的意见:我的宝宝在____周时可达成此目标。

第八章　脑皮质发展基础期(阶段Ⅵ)

一、动作能力——交互式快走和跑步

分级:幼儿。

脑阶段:脑皮质发展基础期。

表格颜色:靛色。

功能:步行和跑步时手脚交互前行。

平均年龄:平均 36 个月大时可达到此功能。

说明:这个阶段宝宝稳稳地走步已经不是什么难事了。他现在感兴趣的是不断挑战更高难度的技能。例如:蹦跳、金鸡独立或者快速奔跑等。总之,宝宝现在想去哪里就去哪里,很少有去不了的地方。宝宝每日如此大的运动量会让他越来越苗条,日复一日,婴儿胖逐渐消失,取而代之的是细细的胳膊和长长的腿。宝宝的心肺功能大大增强,这会大大提高宝宝的身体功能。另外,各个器官之间的配合也会更加稳定。宝宝的体质就不像以前那样过于敏感了。这一阶段,宝宝的中枢神经系统会快速发育,大脑变重,内部结构也变得更加复杂,越来越多的神经细胞之间建立更多连接。在这一阶段,宝宝的大脑可以更好地吸收、处理。并在需要时重新召回信息了。也就是说,宝宝的记忆力显著增强。此时,宝宝对运动的需求量依旧很大。有的时候,他为达到想要做的事,就有意识的端起双臂,以双肩为轴,一支胳膊往前推,另一只胳膊往后拉,就好似前后各有橡皮筋拉的姿势,形成左手右腿向前,右手左腿在后的交互式跑步动作,这预示宝宝体能最高位的追求——开始学习跑步了。

目的:培养人行走终极——跑步能力。宝宝又一次接受严峻的体能训练挑战。跑步是由快步走演进而来的,快步走将身体前倾,双腿抬高,交互式变换手腿,快节奏前行。跑步与快步走有明显的区别。跑步前,人体需要做必要的准备活动,如:踝关节、膝关节、双臂、深呼吸、放松肌肉等;要知道跑的方向和目的;要有良好的跑步环境和健康条件。跑步是一项缺氧的激烈运动,对人体各器官都有挑战性。如心率加快、肺呼吸变得急促、肢体快速协调、耐力和毅力等。特别是速跑,如百米短跑,人的体能基本达到极限。由此可见,跑步尤其是速跑是人体本能的高度体现。跑步能培养意志坚定、勇往直前的品格,坚持跑步会让你感受到美妙的愉悦感。

从跑步与人体能关系来说,坚持跑步就是锻炼大脑。因为跑步会使主管大脑思维和决策的额叶前区变得十分灵活、敏锐,体力也会随之得到加强,不会轻易感到疲劳,记忆力也会随之得到提高。因此,对大脑来说,运动之后学习是一种非常有效的方法。哪怕每周进行一个小时的"运动后学习",只要坚持半年以上,大脑的体积一定会有所增大。对于刚满3岁的宝宝来说,走步或跑步是一件至关重要的事情。走步或跑步可以让宝宝变得更加聪明。所以,为了锻炼大脑,一定要支持和帮助他学会跑步,并给他热情的鼓励。

还一个值得提出的是跑步与肺功能的关系。肺是人体的重要器官。人的大脑每天需要大量的氧气完全依靠肺供给。如果肺功能出了问题,大脑一旦缺氧4分钟,脑细胞就开始死亡,进而直接威胁人的生命存在。所以,保护肺,增强肺功能十分重要,必须从幼儿期做起。其中,走步或跑步是增强肺功能"最大氧气消耗量"可以得到一定程度的提高。这种方法通常在 3 岁到 12 岁期间最有效。跑步呼吸的频率会加快,呼吸变得更深重,需要最大的氧气供给。有的人由于缺乏经常性地跑步锻炼,引起大脑缺氧,导致心率加快,甚至昏迷跌倒,出现这种情况必须尽快送医院救治。马拉松选手状态最好的年龄通常在 35 岁之前,几乎很少看到 40 岁之后还可名列前茅的选手。这种现象与"最大氧气消耗量"有着很大关系。因此,从幼儿开始,养成坚持跑步锻炼的良好习惯,促进肺功能不断增强,培养"最大氧气消耗量"常态性,这不仅对宝宝身体和大脑有益处,而且能一生受益。

(一)动作能力计划——阶段Ⅵ:成功的要素

如今宝宝已是个优秀而成熟的走步者,同时也是一个初学的跑步者。期间,他会花费许多时间尝试以跑的方式从事活动,这意味着他将要面对新的更大的挑战。跑步能力增强,走步能力自然更强。因为跑步其实是走步的更高的演进。跑步是宝宝体能的极致。

初始阶段,首先选择适宜跑步的环境。如公园里、校园里、体育场内等,因为那里安静优雅、空气新鲜、场地平坦,比较适合宝宝练习跑步。爸爸妈妈要陪同宝宝一起跑,不要跑得太快。一边跑一边和宝宝对话,向他介绍场地周边的建筑物、树木、花草和健身器材等,使他对跑步的环境有所感知,体验跑步带来的乐趣。如果跑累了,可以坐在树林间或草坪边休息一会。如宝宝还想继续跑一会儿,爸爸妈妈一定要支持他,陪同再慢慢跑一段。这时你要告诉他,今天我们跑到前面的图书馆大楼就可以了。明天我们从这里出发,再继续跑。结束时,妈妈抱起宝宝热烈地亲一个吻! 并对宝宝说:"今天跑的真棒!"

1.跑步穿着设计

跑步最重要的装束就是鞋。跑步穿什么鞋? 最理想的就是跑步鞋。如果条件许可,请给宝宝买一双幼儿跑步鞋。这种鞋穿着舒服,有弹性和良好的透气功能。鞋的尺码要适度,如号码太大,跑起来不跟脚,容易消耗体力;如果号码太小,跑的时间长了,容易导致脚部疼痛,甚至磨出血泡。所以,跑步必须把宝宝的脚保护好。由于宝宝处在身体发育期,脚长得很快,可能每年鞋子要更新,这是宝宝成长的需要,爸爸妈妈一定要舍得投入。从现在起,如果爸爸妈妈精心培养,说不定将来可能成为中国第二个刘翔呢!

跑步是一项经常性的健脑运动,一年四季必须持之以恒。春天是大地复苏百花盛开的季节,也是宝宝开始户外活动的季节。这个季节户外跑步穿一套棉质的运动套装就可以,但要关注大风和沙尘天气;夏天是宝宝户外活动空间最多的季节。爸爸妈妈考虑跑步的路线,调整衣着,通常这个季节穿短衣短裤就可以;秋天是天高气爽,早晚温差较大的季节,户外跑步除穿运动套装外,要根据天气变化适当增减衣服;冬天是天寒地冻、白雪皑皑的季节,户外跑步适当减少。在条件可能情况下,可到体育馆、健身俱乐部等场所室内练习跑步,正常情况穿运动套装是没有问题的。冬天还有一项户外活动,爸爸妈妈选择好天气,可以带着宝宝爬雪山、堆雪人、滑雪爬犁等锻炼。这无疑是宝宝最喜欢的。

宝宝练习跑步爸爸妈妈亲自参加是最重要的。因为快3岁的宝宝已经开始意识到自己是一个独立的个体了。当他提到自己时,已会用"我"来表达。对一些事情不仅有自己的想法,知道什么事情该如何做,而且还能够很理性地处理一些事情。如,做某种事情之前,他不再像以前那么心急,而且可以等一段时间了。但是,这个阶段,无论做什么事情,宝宝都以爸爸妈妈他的至亲做榜样,期盼爸爸妈妈一直在自己身边,他会立志长大要做爸爸妈妈那样的人。所以爸爸妈妈一定要严于律己,处处时时做榜样,因为宝宝正在身边学习呢。

2. 最佳的跑步游戏

这个阶段,宝宝现在对运动的需求量依旧很大,而且与之前相比,他坚持一个活动的时间长了。作为父母你现在应该做的事:满足宝宝探索欲望,给予正确的引导,并且不断采取各种有意义的方式鼓励他的积极性。跑步对宝宝来说是很枯燥的运动。为了让跑步运动长期坚持下去,有必要从宝宝实际兴趣出发,设计与跑步相关的游戏,这样可以做到一边跑步,一边游戏。跑步和游戏紧密结合起来,不仅强身健体,刺激大脑良好发育,而且还通过各种游戏,培养宝宝社会能力。下面推荐与跑步相关的几种游戏:

(1)初始交通规则

宝宝现在是会走跑的小大人了。到了这个阶段,应该知道一些简单的交通规则了。虽然目前还不能让宝宝独自一人过马路,但是,万一有一天宝宝真的在你不注意的情况下,自己跑到大街上,那么你教他的交通规则就会派上大用场。教宝宝认识交通规则的最好办法就是言传身教,让宝宝在你的实际行动中学习。你和宝宝在马路上跑步,每当过马路时,你要认真告诉他。一定要严格遵守交通规则:红灯停,绿灯行,坚持走斑马线人行道,不与车辆抢道。切记,右侧通行。教宝宝交通规则千万不要急于求成。每次宝宝跑在马路上时,要不厌其烦地为他解释每一项交通规则。同时,你和宝宝在跑步行进中,还要教会识别不同的交通标志。你可以将早已准备好的画有交通标示的卡片给他看,为宝宝讲解各自功能,并在每次跑着过马路时,让宝宝自己去识别不同的交通标示牌。

（2）十字路口要当心。每当带宝宝跑过十字路口时,一定要走斑马线,并时刻左右观察,避免有车辆突然从路两旁冲出来。同时,让宝宝与你做同样的动作,以便形成良好习惯。

（3）耳听六路眼观八方。通常,跑在马路上时,宝宝能关注到的东西要比大人少很多。他不会像大人那样眼观八方耳听六路,而只会盯着那些自己感兴趣的人和物,这其实是很危险的。从跑步锻炼开始,你要培养宝宝一边跑一边观察路况的习惯。可以从小事情开始,无论你们一起跑步时还是驾车时,你都可以选择路上的行人和物来指给宝宝看。例如,竖在路口的交通指示灯,一个正在过马路的老奶奶、一辆正转弯的汽车……慢慢地宝宝的关注面会变得更宽。

（4）先站、后看、再通过。宝宝带你过马路。平时跑步,你要训练宝宝横过马路的技能。每次跑过马路前都要先停下来,左看看,右看看,确定两边都没有车辆时,再跑过去。每次都要让宝宝和你做同样的动作。等宝宝熟练了这一系列动作后,你就可尝试让宝宝带你横穿马路了。

（5）识别交通标志。可以通过一个小游戏让宝宝熟悉交通标志。把一堆画有交通标示的卡片放到宝宝面前,随便对其中一个进行描述。让宝宝自己去找出对应的那张卡片。例如,我看到一个红色的标志,圆圆的,是标示禁止车辆驶入的意思。然后让宝宝在这一堆标志卡片中寻找正确的那一张。当然,你和宝宝也可互换角色。宝宝来描述，你来猜。

（6）宝宝协助你开车。当你带宝宝行驶在马路上时，宝宝可以助你一臂之力啊！他会在一旁帮你关注路边的交通信号灯的变化，留意道路两旁的交通指示牌，并提醒你注意。开车从此变成你和宝宝共同完成的事情，也由此变得更有趣了。

（7）马车与车夫。找来一根很粗的绳子，一端系在宝宝的腰上，另一端握在你手中，宝宝来充当马，你来当马车夫。"车夫牵着""马儿"在整个房间里"奔跑"。宝宝则听从你的指令：小步跑、急速奔驰、减速、左转弯、右转弯、停下来……如果宝宝玩腻了，你和宝宝可以互换角色。

（8）赛跑。你和宝宝约定好起点和终点。然后开始赛跑，赛跑的花样有很多——可以跑着到终点，还可以如爬行、蹦跳、单腿跳到终点。

（9）接力跑。确定好起点和终点。然后准备赛跑。宝宝手持接力棒，站在起跑线上宝宝当发令员：各就位，预备——跑。宝宝用力一蹬腿跑了出去。跑了 10 米左右，妈妈跑第二棒，从宝宝手里接过接力棒向前跑了 20 米左右，爸爸已经提前跑到第三棒接棒地点，从妈妈手里接过棒，转身往回跑到宝宝面前，爸爸将棒交给宝宝，比赛结束了。

（10）寻物跑。双休日或节假日期间，爸爸妈妈带着宝宝到公园或植物园练习跑步时，做寻物跑游戏。选择花草树木较多的路段，事前爸爸将早已准备好的寻物，如玩具、小水杯、矿泉水瓶、一束鲜花等分别放到路边的草丛里、小树下、花坛旁等。当你和宝宝跑到寻物地段停下来。妈妈说，今天我们在这里做一项有趣的寻物游戏。寻物放在我们周围 50 米内路的两侧去寻找，看谁寻物多。现在我宣布：寻物开始。妈妈、哥哥、姐姐等都各自去寻找。这时,爸爸可以陪宝宝去找,有意识地让宝宝多找到一些。十几分钟过后,每个人报告寻物结果。哥哥 3 件,姐姐 4 件,宝宝 6 件。妈妈高兴宣布,宝宝获得寻物第 1 名,爸爸为他戴上大红花。寻物跑结束。

(1)追球跑。事前准备好多个彩色的皮球,分给爸爸妈妈并相距 5 米左右相对站立。先从妈妈处开始。妈妈说一声宝宝追球开始。之后把其中一个彩球抛向爸爸处,宝宝此时为抓到球,快速追赶,手里抓到彩球跑到爸爸面前。爸爸也把手中的彩球抛向妈妈方向,宝宝转身又快跑去抓球,手里抓到球后跑到妈妈面前。为了激发宝宝兴趣,爸爸或妈妈也可以同宝宝一起抓球。

(2)追逐跑。在公园草坪上,妈妈和宝宝两人相互追着跑。还可以两人单腿蹦着追逐、蹲着追逐,或者像小鸭子一样左右摇摆追逐。追逐形式多样,可以不断变化。

(3)乘马车。伴随小马车儿歌,两个小宝宝交叉紧握对方的手好似一辆小马车,两个人一起乘着"小马车"蹦蹦跳跳地向前跑,跑几米之后还要转个圈。当第一遍歌声结束时,"小马车"就要调转车头,朝着相反方向驶去。整个过程中,两个宝宝的手不能松开哦!

嘚咯嘚,嘚咯嘚,

我乘这马车笑呵呵。

不用扬鞭不休息,

希望大家坐上我的车。

嘚咯嘚,嘚咯嘚,

我乘着马车笑呵呵……

(4)拍手小游戏。事前准备一个大鼓,爸爸做鼓手,妈妈当裁判员。以鼓声为令,鼓声慢就慢走;鼓声稍快就慢跑;鼓声特别快就特快跑。最好有更多的宝宝参加共同在一起。每次换鼓声时,宝宝们都要先蹲一下,作为过渡动作。

3. 培养社会能力

对于 3~4 岁大的宝宝来说,最大的快乐就是探索家门外的世界。他此时已不再是满足家里的小天地了,而是急着地想走出家门,跑到外边看看新鲜的人和事。而跑步恰好实现了他的愿望。当他听到妈妈要带他到外边跑步时,简直高兴极了。初冬时节,宝宝穿上羽绒服套装和防滑的雪地鞋,从家跑到公园仅用了 10 分钟。当他看到亮如镜子似的滑冰场时,被正在冰上玩耍的小朋友吸引,看样子宝宝要体验一下冰上运动。爸爸见此情况说:"冰上玩耍不大适合太小孩子,因为容易滑倒。"宝宝流露不高兴的表情,爸爸见此情景断然接受了他的请求。20 多分钟的玩耍,表现出极大的快乐。爸爸妈妈切记:如果宝宝不接受你的建议,而想去玩自己喜欢的游戏,请随他去。快乐是他的主要目标。当你和宝宝一起跑步时,可能遇到路径不同的环境,抓住这样的机会,有目的地培养他的社会能力。你们可针对跑的路上见到的人和物进行提问,例如:这朵花叫什么名字?哪个房顶是什么形状的?旁边建筑工地上那台机器是做什么用的?那位佩戴志愿者袖标的阿姨手里的小黄旗在做什么……你们可以轮换提问。当宝宝不会回答问题时,你可以给出正确答案。爸爸妈妈的说明一定要让宝宝明白清楚。因为爸爸妈妈的讲话或做事在他的心目中都是正确的。永远是他学习的榜样。

跑步训练实践告诫:千万不要带领宝宝在湿滑、崎岖不平、沙土多的路上跑,否则,将给宝宝带来更多的困难。不要以任何方式催促宝宝勉强去跑。若他拒绝跑步,请接受他。此时,你可以让他站在一边看你跑。过一会他就会自动跟着一块跑了。这就像在攀缘前进训练时,你先做一下示范,然后宝宝模仿你去做一样。模仿学习在幼儿成长阶段是不可或缺的方法。在平时的训练中,对宝宝来说,他还不懂得什么脑部发展,什么锻炼体能,然而他所关注的是同爸爸妈妈永远在一起。但有一点尤其值得爸爸妈妈注意,你不要因为谈论自己的事无意识的打消宝宝的喜爱和勇气。有些时候宝宝正十分开心地做着他喜欢的训练项目,而你们都不经慎思地讲了一些话,影响了他的训练兴趣。比如说,妈妈与宝宝一起跑步时,妈妈说:"真找事! 我的膝盖昨天跑步扭了一下现在很疼。"宝宝听完之后,跑着、跑着也说腿有点疼。所以,爸爸妈妈在宝宝面前不仅有良好的身传,而且也要讲激励他勇于向上的言传。

4. 亲子健康乐园跑步场

在亲子健康乐园有一个宝宝们向往的跑步训练场。该场地占地相当4个标准足球运动场那么大。这是协会通过慈善企业出资,专请德国幼教体能智慧训练中心的专家设计建成的。一进训练场首先进入眼帘的是世界著名短跑运动员吴丹妮的跑步雕像。训练场地环境幽静,四周小树成荫,绿色草坪。有300米塑胶跑道,百余种儿童健身器材。还有一条人工小溪,可见潺潺流水。沿着小溪设有各种动物雕塑,儿童健康乐曲响彻全训练场。

该乐园设置幼儿期、学前期走/跑训练课程。凡协会会员家庭的宝宝都要接受并执行不同的课程计划。每周双休日会员家庭的宝宝可到乐园授课,有亲子妈妈(专职教师)执教。乐园每学期将举行一次不同年段宝宝跑步比赛等活动。各项训练活动结束后,可以到早教体能电教馆观看早期教育录像片或儿童电影,让你感受聪明宝宝们的智慧风采。早期教育专家詹姆斯告诉你:人类的神奇是从婴儿开始的。

(二)制订可行的跑步计划(适用于 18 个月以上的宝宝)

跑步是一项伴随人一生的健脑运动。它具有持久性、可塑性、愉悦性和幸福性等特点。跑步从科学的角度说,应该从幼儿期就开始,需要制订一个跑步训练计划。

跑步训练原则:快乐的原则;持之以恒的原则;从实际出发的原则;安全保护原则;体能发展阶段性原则。

频率:每两天跑一次。

强度:从慢跑、中速跑到快速跑。

每次时间:不停地跑 30 分钟。

◆ 第一阶段

1. 下坡路跑。选择约 30 米的缓坡路段,并在地上划定起跑和终点线,然后你和宝宝一边慢跑一边控制身体重心保持平衡,学会跑下坡路的经验。初始时,每 30 分钟跑 10 次,之后逐渐增 20 ~ 30 次。训练一段时间后,当跑的速度有所提高时,你可以适当调整跑的距离。由于在城市居住不大好选择有坡度的路段你可以选择公园里的小山丘、大宾馆门前的坡路台阶、车库前的小斜坡等。可能缓坡距离不太长,你就让宝宝接着在跑一段平坦路段。

训练第一个目标:当你的宝宝能在缓坡上跑 30 米时,就证明在坡路跑训练已经完成,可以到平坦路上跑了。

2. 平坦路跑。带领宝宝在 1500 米平坦路段步行、快走、跑三种形式的训练。其中快走 10 次,每次 20 米;跑 10 次每次 50 米;步行 10 米,每次 80 米。以这种方式每周做 3 次,逐渐增加每次距离。

跑步训练时间表：

第 1 周——跑 30 米,20 次；

第 3 周——跑 40 米,15 次；

第 6 周——跑 50 米,12 次；

第 9 周——跑 60 米,10 次；

第 12 周——跑 75 米,8 次；

第 15 周——跑 100 米,6 次；

第 18 周——跑 125 米,4 次；

第 21 周——跑 200 米,3 次；

第 24 周——跑 300 米,2 次。

你如何鼓励宝宝快跑？很简单,只要设计加速跑的游戏就可以。比如,一边跑,一边追球、抛球或踢球等。

跑步训练第二个目标:达到不停地跑 100 米的能力。现在你的宝宝已是一个跑步爱好者了。只要他想去的地方,他一定是拔腿就去了。伴随跑步运动而带来的是他超越一般同龄小朋友的肺功能和肢体协调功能。恭贺你！

◆ 第二阶段

3. 从 100 米到 300 米路跑。起始的目标,宝宝 100 米跑训练,它是为 18 个月大的宝宝制定的。第二目标是不停地 3 000 米跑。这个目标在常态下,4 岁的宝宝是可以达到的。要达到这个目标的关键是爸爸妈妈提供共同跑步的机会。训练实践证明,提供机会越多,跑步就会越远,达到计划目标的可能性就越大。

跑步训练时间表：

1. 每天走 1 000 米路,其中跑 4 次,每次 100 米；

2. 每天走 1 000 米路,其中跑 4 次,每次 150 米；

3. 每天走 1 000 米路, 其中跑 4 次, 每次 200 米;

4. 每天走 1 500 米路, 其中跑 2 次, 每次 400 米;

5. 每天走 1 500 米路, 其中跑 1 次, 不停地跑 800 米;

6. 跑 800 米, 之后每次增加 20 米; 跑 820 米之后走 940 米;

7. 逐渐增加跑的米数, 减少走的米数。

按照这样的训练计划宝宝能不停地跑完 1 500 米了。如果每次再增加 50 米, 4 个月后, 宝宝就不停地跑 3 000 米路啦! 早教体能训练研究结果表明: 宝宝的年龄和体能是增加跑步距离的依据。如果宝宝 2 岁能跑 1 500 米, 每月可增加到 100 米; 如果宝宝 3 岁能跑 1 500 米, 每月可增加到 300 米。遵照这个方法, 如果能达到目标, 你的宝宝体能已不在这个阶段了, 将以 200 米为重点, 参照 1 500 米计划模式, 另行制定新的训练时间表。

在亲子健康乐园跑步是最受宝宝喜爱的活动。一次到太阳幼儿园做专题讲座后, 园长带我到乐园训练场实地参观。当走进训练场时, 看到那么多宝宝在塑胶跑道上练习跑步。其中, 一个最引人瞩目的小男孩跑得最快, 后面跟着妈妈也在一起跑。园长向我介绍说, 那个小男孩名字叫冬冬, 今年 4 岁, 他仅用 36 分钟就跑完 3 000 米全程, 获得该年龄段比赛第 1 名。说着说着, 小冬冬已跑到了我们的面前。他妈妈看我们走过来就叫停冬冬。他十分有礼貌的同我们打招呼:"老师好?"我问他:"你叫什么名字?"他回答说:"我叫冬冬, 今年 4 岁。"我继续问他:"你喜欢跑步吗?"他兴奋地回答说:"我喜欢。"爸爸妈妈经常带我练习跑步。站在旁边的妈妈向我们介绍说: 根据乐园制订园外课程计划, 冬冬从 2 岁就开始练习跑步至今已练习 2 年了。他对跑步特别喜欢。我们每周 4 次跑步练习。每次练习前他都提前把自己武装好,等我和他爸爸一起去训练场练习跑步。有一次,我因有事拖延一会,他就大声说:"妈妈你怎么不遵守时间?"冬冬一到训练场极度兴奋,心理有说不出的高兴。每次上课,按照亲子妈妈(幼儿教师)的要求做得特别认真,多次受到老师的表扬。就在上月,他参加乐园每月举办的跑步比赛,他获得4岁组3 000米跑第1名。话间,冬冬妈妈脸上露出了幸福的笑容。

跑步训练第3个目标:宝宝不停地跑3 000米路。

现在的宝宝长距离跑步训练有非常出色的表现,促进了呼吸功能肢体发育明显发展。他较好的掌控了慢跑、中速度和快速跑,不仅积累了长跑的经验,而且也尝试了短跑12米冲刺的体验。冲刺跑和跑步是有所不同的。跑步是一种常态式的缺氧运动。冲刺跑是人体一种超极限的高强度运动。对初学跑步的宝宝来说不主张超极限的冲刺跑训练。因为这个阶段身体仍处在全面发育时期,冲刺跑这项高强度的缺氧状态可能对肌体带来损害,如果宝宝喜欢冲刺跑爸爸妈妈要正确引导,在他长距离跑接近终点时,可鼓励快跑几步,完成冲刺的动作就可以了。

(三)体能训练小结

4岁的小宝宝经过科学的跑步课程计划训练,他身体各个器官,如心肺功能到现在为止已经发育稳定正常;神经系统和大脑机能也已发育完善;身体的协调性、呼吸功能的耐力性、运动技能的持久性、肌肉骨骼的强壮性已完全形成。可爱的宝宝现在可以成为一名长跑运动员了。因为他参加3 000跑的比赛,并在最后离终点10米时,用尽全身的劲,加快跑的频率,冲向终点。这是多么令人赞许的情景啊!宝宝跑步训练获得了成功。

你的宝宝现在不但比其他4岁大的孩子更身强体健,也比无数成人叔叔们强很多。而且在不知不觉间,他的身体分侧功能也已完成。不管是 80% 的人管用右手、右眼、右耳、右腿,还是 20% 的人管用左手、左眼、左耳、左腿,这都是因两侧大脑半球的功能所致。如果你的宝宝以手脚交互型式走或跑,并且有明显的惯用躯体侧,那他就已进入最高层级的脑功能,即脑皮质发展复杂期了。如果你的宝宝在 2 岁时达到此目标,他的活动智力为 300。3 岁则为 200;如果他已 7 岁了,请快多给他机会吧!不管他在哪个年龄段达到此目标,做其他任何事情就不难了。

表 8 - 1   给宝爸宝妈的宝宝跑步训练建议

活动智力 离开阶段Ⅵ,脑皮质发展基础期 离开阶段Ⅶ,脑皮质发展复杂期		
年龄(周)	动作智力	我们的建议
1.5	400	世界纪录?
2	300	你做得真棒!
3	200	
4	150	
5	120	继续这么做
6	100	一般标准
7	85	多给他机会
8	75	
9	66	再多给他机会好好练习
10	60	
11	54	
12	50	快带他去寻求专业的帮助

二、操作能力:双手操作功能

分级:幼儿。

脑阶段:主要脑皮质。

表格颜色:靛色。

功能:双手同时操作,其中一只手较具技巧。

平均年龄:36 个月。

说明:人的双手从出生到学会双手操作经历了一个不寻常的发育过程。刚出生的小手就会抚摸妈妈的乳头,再大一点时,触摸妈妈的脸;把他放在地板上,小手配合两条小腿,慢慢地向前爬行;到 6 个月大时,就能条件反射抓握;到 8 个月大时,小手就可以拿住小玩具;到第 10 个月大时,初步学会爬行;到 1 周岁时,小手抓起东西后可以松开,到 18 个月大时,开始练习使用勺子;2 岁时,开始尝试用勺子吃饭,自己穿衣服;3 周岁时,双手具有同时操作功能。综上所述,这是一个多么神奇的体能发育变化啊!

目的:为更完善的操作能力做准备。在初期的操作能力练习时,宝宝是以双手抬起和放下物品为目的。而现在他开始用双手共同做事了。虽然有时其中一只手用得比较多,这就是通常所说的左右撇子,实际上双手的能力是相等的。不管你习惯用哪一只手,但离不开另一手的紧密配合。从现在开始,本阶段着重培养宝宝双手操作能力,为日后人生创造丰厚财富做准备。俗话说:"练成一双巧手,今后吃穿啥都有。"

(一)操作能力计划阶段Ⅵ:成功的要素

在上阶段的操作能力训练中,你的宝宝经历了攀缘前进的实际训练,在他已具备双手协调动作的基础上,将以更科学的方式培养双手操作功能。

1. 爱攀缘运动的家庭

如果攀缘前进成为一家人共同的爱好,形成人人都做攀缘运动的良好氛围,那就好极了!你的宝宝也顺理成章地成为攀缘前进运动的小爱好者了。因为在这样的家庭中攀缘已成为全家生活的一部分。爸爸做、妈妈做、家人做,大家同宝宝一块做,每天每人快乐做,最后训练宝宝自己独立做。通过攀缘运动让宝宝感受到爸爸妈妈和家人的爱;让宝宝感受到家庭的和谐和温暖;让宝宝感受到自己生活在幸福之中;让宝宝感受到大家庭对他的热烈拥抱。

频率:每天做 10 次攀缘前进。

强度:不给任何助力,独立做。攀到终点转体往回做。

每次时间:每次做完全程所用的时间。越熟练,攀行快,所用时间就少。

2. 横梯高度设计方案

以母亲身高为度。如果将横梯设计比妈妈身高高出 10 公分,妈妈可以比较便利的给宝宝练习提供必要的帮助。但是,从另一个角度看,因宝宝身高很矮,每次训练时,妈妈必须帮助他双手握住横蹬才行,否则,他够不到横蹬。这种设计必然会影响训练的频率。

以宝宝身高为度。如果将横梯设计比宝宝身高高出 5 公分,脚底下加 5 公分厚的脚踏垫,可能更有利于宝宝训练。在训练开始时,只要宝宝伸高双臂就能轻松抓到横梯蹬,之后拿掉脚踏垫就可以训练了。但是,这种设计给妈妈带来不便。此时的妈妈必须蹲下来在身边帮助支撑宝宝的体重,这势必变得困难些。

我们的建议是把以上两种方案综合,形成最佳的设计。先将横梯设计以母亲的身高为度,这样在妈妈的亲切呵护下,宝宝的攀缘前进训练进步更快,会取得事半功倍的效果。待宝宝不需要外力帮助自己能独立做攀缘时,再将横梯的高度降到宝宝的身高。这样从实际出发的设计,将会缩短宝宝学会独立做攀缘训练进程。

设计有斜度的横梯。有些母亲在实际训练中发现,如果只做一个有 20 多度斜角的横梯,宝宝在训练时可借斜角产生的惯力,可能较好的解决做攀缘时身体摆动需要爸爸妈妈帮助的问题。同时也有利于宝宝单手交替时体能过度消耗,更有助于宝宝早日独立做攀缘。

设计双脚着地横梯。如果你已考察上述的设计都不大理想,那么你可以试试降低横梯的高度,让宝宝的脚踏在地面走攀缘前进。虽然这种设计没有攀的动作,但能增加独自训练的频率,并且能帮助宝宝找回自信心。伴随训练时间推移,每 2 周将横梯升高 2 公分,小幅度渐进式的增加高度,不仅不会影响宝宝的训练,而且还促使他对攀缘保持极大的兴趣。

设计放脚踏石的横梯。如果你的宝宝做攀缘前进的技巧已经很不错了,可试着提升一定的高度,将枕头放在横梯下面当踏脚石,但只放在一支脚下。当单脚踏在枕头时,他的身体自然的做起摆荡动作,促进宝宝单手交替抓握前行。

以上的设计仅供参考。最后选择哪种设计完全由妈妈来决定。无论采取哪种设计方案,一旦你的宝宝能独立做攀缘前进,就千方百计地鼓励他坚持下去。

3.挑战攀缘前进

对能独立做攀缘前进的宝宝来说,不妨可尝试一下攀缘运动的新挑战——跨越横蹬式前进。这里所说的跨越式就是在抓握一个横蹬后,借助身体向前摆动的惯力,越过一个横蹬,去抓握下一个横蹬的过程,我们把它称为跨越式攀缘。跨越式攀缘对臂力的要求很高,只要经过一段时间反复训练,双臂膀的肌肉拉力显著增强后就可以做跨越式攀缘抓握。跨越式抓握虽然有一定难度,但基本技能掌握后,做跨越式抓握宝宝会有一种腾空飞跃的感觉和体验,更能刺激他对攀缘的兴趣,身体机能将会更强力、更协调,大脑后右侧棱状回记忆区由于受到强烈刺激也会得到快速发育。

挑战是人生必须面对的重要课题。对于4岁的宝宝来说,他还不懂得什么是挑战。但是,他都知道做一件自己喜欢尽管难度很大的事情时,需要付出更大的体力和更多的时间。这种付出能培养宝宝战胜自我和勇敢向前的精神,对宝宝日后发展大有用途喽!

为了从不同形式体验攀缘的乐趣,推荐如下形式:

向后做攀缘。宝宝十分勇敢地面对来自攀缘的新挑战。之前,他经过反复认真训练,很快掌握了动作技巧,现在完全可以做跨越式攀缘了。并且做得很漂亮。在此基础上,现在可以让宝宝尝试向后做攀缘的体验。向后做实际上就是攀缘前行动作的反做,其难度仍具有挑战性。宝宝的脖子向后仰,眼睛盯着横梯的蹬,胳膊高举,单手交替抓握,凭借坚挺的臂力和身体摆动的惯力向后攀行。这种形式的攀缘动作和我们在公园里或运动场地一些倒着走步健身的人有相似之处。据脑健专家讲,人倒着走路有利于大脑健康。宝宝倒着做攀缘前进动作也会对大脑带来强刺激进而促进大脑功能发展。

横着做攀缘。横着做攀缘实际上是做侧身的攀缘前进。当宝宝已经熟练掌握了传统的正前方攀缘、向后做攀缘之后,他也一定喜欢做侧身攀缘前进。在做侧身攀缘时,宝宝的双手之间隔着横蹬,各抓握一个横蹬,双手掌心相对。身体摆动后,让后面的那支手去抓两手中间的横蹬,前面的那双手移动去抓再前面的横蹬,按照这样的做法就可以做侧身攀缘了。

扭动身体做攀缘。扭动做攀缘是攀缘前进运动最精彩的动作,它是指在做攀缘前进动作时做转动身体动作。然而就在转身的瞬间,手握横蹬的位置和方向必须随之变化。具体训练方法是:身体姿势同前边做侧身攀缘相同,双手之间隔着横蹬分别抓握,双掌心成相对状态。如果宝宝左手掌向前,就做顺时针旋转;如果宝宝的右手向前,就做逆时针旋转。如此反复。

为了让宝宝更加身临其境,不妨爸爸一边做示范,一边讲解。之后,让宝宝在横梯上亲自操作。如果宝宝掌握了要领,他一定会喜欢上这个动作。

4.强化训练双手操作功能

宝宝到了这个阶段,他更加喜欢动手活动。为培养他精细动手能力,可以引导他做具有游戏性的精细动作训练。例如,将一只手拿着果汁露饮料倒入由另一只手拿着的空杯子中的训练步骤:

(1)一只手拿起装有果汁露瓶;

(2)另一只手拿起空杯子;

(3)一只手倾斜果汁瓶,将一部分果汁倒入另一只手拿的空杯中;

(4)将果汁瓶放回桌上;

(5)将装满果汁的杯子放在桌上;

(6)享用自己倒出来的果汁。

参照此训练,可以设计将多种操作活动结合在一起进行精细动作训练。

(1)拿起茶杯盖再盖回去;

（2）拧开矿泉水瓶盖子再盖好；

（3）将一个大衣扣子从大衣扣眼解开后再扣回去；

（4）在面色上抹奶油和果酱等。

（5）洗碗和筷子。

这样的例子不胜枚举。可自行选择宝宝喜欢的活动，并注意提升活动的趣味性和结果性。

这个阶段宝宝喜欢动手的另一个特点是动脚又动手。只要在家里，他总是这个房间看看，那个房间走走。见到新鲜的东西就从柜里拿出来，一会儿那这件，过一会儿又那另一件，弄得房间杂乱无章，爸爸妈妈对此很烦恼。针对这种情况，你可拿着这些东西，一件一件地告诉他，这是什么，有什么用途，并让他把有些东西放回原处。这样做也可以达到训练的目的。这个阶段的目标是训练双手复杂操作功能。

（二）体能训练小结

因为爸爸妈妈创设了一个非常好的训练环境，所以，现在你的宝宝已在做 2 周岁以上孩子的双手操作功能了；他做攀缘前进高难动作比同龄的孩子好得多；他的两双小手的机敏灵活度已越过常规的发展。这些突出的表现，已预示宝宝将要开始学习小提琴、写字和美术练习了。如果宝宝真的动手学习写字，那么他手、脚、眼的同侧性已经形成，正式进入紫色表格中，使用复杂的大脑皮质了。此时，他已不需要以做攀缘前进来增加荣誉，攀缘前进只是健体强身的一种奖励了。如果你宝宝在 2 岁时就达到这些目标，他的操作智慧为 300；如果是 6 岁，他的操作智慧只能为 100。其他的年龄请自行对照下表。宝宝超龄的体能智慧，将会使他的一生的生活丰富多彩。

表 8 - 2　　给宝爸宝妈的宝宝攀缘训练建议

活动智力 离开阶段Ⅵ,脑皮质发展基础期 离开阶段Ⅶ,脑皮质发展复杂期		
年龄(周)	动作智力	我们的建议
1.5	400	世界纪录?
2 3 4	300 200 150	你做得真棒!
5	120	继续这么做
6	100	一般标准
7 8	85 75	多给他机会
9 10 11	66 60 54	再多给他机会好好练习
12	50	快带他去寻求专业的帮助

三、技巧走路与主动平衡计划

在前面讲的主动平衡计划中,列举了诸多的训练项目,较好地培养了宝宝一般性的平衡能力,为适应复杂的主动平衡训练做了准备。与此同时,也促进了大脑功能和身体重力更均衡发展。为全面发展宝宝平衡能力,满足未来人生发展的需要,他即将迎来更艰巨、更复杂的主动平衡体能训练新挑战。可爱的宝宝我们从这里出发。

频率:选出 10 种活动项目开始训练,每天每种项目至少做1 次。

强度:尽量多做项目、快做项目,但必须以安全为前提。

每次时间:每项至少做 1 分钟。全天各种活动项目总时间为 10 分钟。

（一）主动平衡活动

1. 手中拿着东西走路；

2. 翻滚；

3. 前滚翻；

4. 后滚翻；

5. 跷跷板；

6. 在凹凸不平的路上走；

7. 跨过中间一个台阶的方式爬楼梯；

8. 在高山丘陵地带走路；

9. 爬梯子、绳梯、墙、树等；

10. 向下跳；

11. 跳远；

12. 跳高；

13. 独脚跳；

14. 跳绳；

15. 平衡木；

16. 倒立；

17. 仰卧起坐；

18. 蹲跳；

19. 站直身转圈（如芭蕾舞者般）；

20. 向前后走或横走；

21. 摆荡身体；

22. 在碎石头上走；

23. 荡绳子；

24. 大步行走；

25. 在高低不平的林间小路上走；

26. 攀缘前进；

27. 溜滑梯；

28. 漫步跑；

29. 在塑胶跑道上双脚跳起,然后一支脚下蹲；

30. 双手向上伸展,然后弯腰用手指触脚尖。

（二）主动平衡计划

主动平衡计划制定的目的主要有两个:一是进一步刺激大脑额叶前区功能良性发展;二是实施与平衡有关的多种项目训练。其中最值得推荐的是体操和芭蕾舞。这两项技能学习难度很大,需要付出极大的毅力和艰辛。据园外体能训练专家实践研究证明:体操和芭蕾舞是人的一种极限体能运动,它具有身体的完美性、姿势的高雅性和表演的精准性。它对人的大脑额叶前区具有各种超强的刺激,唤醒数以亿计的突触细胞被激活。当这些激活的突触接连不断地趋于密集时,人的大脑将处于一种活跃状态,各部位之间的联系会变得更加紧密,其功能将发挥更大的作用。

除上述两项训练外,还有如花样滑冰、潜水、滑雪、柔道等训练项目也适合宝宝体能特点,可以有选择地进行训练。

（三）技术技能训练

1. 侧翻与前翻

前滚翻是一项技能运动。做前滚翻时,头顶在地上,双臂支撑身体,两腿呈起跑姿势快速提起弯曲,向前方翻动,两臂紧紧抱着两腿向腹部靠近踏地,整个身体随着翻滚的惯力向前倾,双脚落地,站起。最初练习时,由于掌握不好翻滚带来的惯力,虽然上体翻过去了,但不能随即站起来。这需要多次训练学会抱腿,双腿快速着地的技巧。

为了让宝宝快速掌握前翻技巧,不妨先让他在一个缓坡地段上做。因为在缓坡上做翻滚产生的惯力比较大,身体翻过后较容易站起来。待熟练后可移到平地上。最初练习翻滚距离 2 米左右,熟练后可延长 25 米。

频率:每天做 4 次。

强度:加快滚,连续滚。

每次时间:全天练习 5 分钟。

2. 平衡木

平衡木训练步骤如下:

第一步:身体垂直和平衡木成 90 度角、双臂平行张开,目视前方,两脚前后错开踩在平衡木上。行进时,双臂上下轻轻摆动保持身体平衡,一只脚轻轻抬起脚心面和平衡木面保持平衡,另一脚随后跟进呈交互式前进。两脚抬的高度越低越好,这样做比较容易控制身体平衡。

第二步:当宝宝完全掌控平衡木上前后行进后,可以适度加高平衡木逐渐增加难度。

频率:每天训练 25 次。

强度:逐渐加快,适度加高。

每次时间:全天至少练习 5 分钟。

3. 后滚翻

当宝宝学会前滚翻后,势必还要学后滚翻。做后滚翻必须在体操垫子上或地毯上或草坪上。因为后滚翻是难度很大的运动项目,需要较好地地面保护。训练后滚翻像当初训练前滚翻一样,最好也在一个缓坡地段上做,帮助宝宝体验腿和上身越过头顶的感觉,教他如何摆头及将手掌放在手指能触到肩膀处。

可以先做示范给他看,然后教他如何做,通过反复执教、反复练习让他掌握基本要领。在教做过程中,爸爸除给予必要帮助外,还要施以安全保护。后滚翻训练每天做 10 次,每次 5 分钟。训练目标是连续后滚翻 8 米。

4.爬和跳

宝宝成长中一个显著特点是爬上爬下,边跳边跑。因为他知道要促进自己机体全面健康发展,更好更有目的发挥每一个部位的功能,就必须扩展活动范围,借助某种"工具"来满足自身的运动需要。例如,宝宝喜欢爬攀爬架,然后借助绳梯、梯子或上树等加以实现。宝宝很喜欢跳。如跳越障碍、跳皮筋、单腿跳、双腿跳等。因为宝宝学习能力很强,学起来也比较容易。要想让宝宝不爬不跳是办不到的。对此,爸爸妈妈要因事利导,支持他的选择,给予足够的耐心和宽容。同时,爬跳对大脑前庭有极佳的刺激使之更加活性化。

全天最少要做 5 分钟

5.训练计划时间

主动平衡计划训练 25 分钟;前庭刺激活动 10 分钟。总的时间要求 35 分钟。如果你的宝宝能完全掌握这些动作,就充分说明他已具备了从事任何高度平衡技巧运动的能力。

(四)阶段Ⅵ:母亲的每日检查表

1.动作计划

频率:每周 4 天 1 次跑步课程。

强度:鼓励稳定的速度快跑,逐渐增加距离。

每次时间:不停地跑 36 分钟。

目标:在下坡路上跑 20 米;不停地跑 100 米;不停地跑 3000 米。

妈妈的意见:我的宝宝在(1)____周、(2)____周、(3)____时达成此目标。

2.操作计划

频率:每天30次攀缘前进

强度:完全由自己做,不需要任何人帮助。仅在必要时帮助摆动身体。

每次时间:做全程攀缘前进所需的时间。当他自己独立做攀缘前进,鼓励他转身再做一个全程。

目的:宝宝能独立完成攀缘前进项目;完成用一只手为主导,另一手为辅助的操作形式。

妈妈的意见:我的宝宝在____周时完全依靠自己做攀缘前进。在____岁时完成以一只手为主导的操作形式。

3.平衡木计划

频率:主动平衡训练10次和多项基本主动平衡技巧。

强度:独立做,快速做。

每次时间:主动平衡运动10分钟;基本主动平衡技巧20分钟。

目标:为培养高技能平衡能力奠定基础。

妈妈的意见:我的宝宝在____周时达成此目标。

第九章 脑皮质发展复杂期(阶段Ⅶ)

一、动作能力——有技巧的使用腿

等级:幼儿。

脑阶段:脑皮质发展复杂期。

表格颜色:紫色

功能:与主导的大脑半球一致并技巧的使用某一条腿。

平均年龄:72 个月大。

说明:著名脑神经学专家丹波·费伊大约在 40 年前将人的交叉走步形式称为"移动的交响乐",这是他对人体功能的伟大赞许,也是人脑功能创造的一大奇迹。如 110 米跨栏世界冠军刘翔就是最有力地证明。现在你的宝宝也能做相同的事了。他既不是跳高运动选手也不是高栏赛跑选手,他只是一个以交互形式行走的人。到了这个阶段,6 岁宝宝的大脑功能发育已经完善,现在已有两侧分边性,即左脑和右脑之分。左脑半球控制左边身体的活动,右脑半球控制右边身体的活动。虽然左右脑各有分工,但它们之间是紧密联系的,是相互配合的,是密不可分的。

目的:如果你的宝宝一直遵照本书所设计的各项训练都做得很合格的话,宝宝现在的大脑已具备分边功能了。每当他用铅笔、汤匙、剪刀或其他工具时,他的大脑马上会作出决定由哪一边的身体负责操作。你的宝宝将会按照大脑给他的命令去执行。大脑这种选择、指令的过程被称为脑组织化。

宝宝出生前，许多大脑关键区就形成了，这些区域是负责一般问题解决的区域。虽然这些区域系统是相互联系的，但不同的大脑区域担负的功能是不同的。如爬行、匍匐前进、走路、跑步等是通过额叶前区运动的运动联合区负责完成的。体能训练专家指出，过去训练的次数越多，就越能刺激大脑发育，就越能达到阶段性的训练目标。在活动能力方面，你的宝宝已步入人体智能全面发展的崭新阶段，他即将迎接快乐、健康、幸福的人生。

（一）动作能力计划——阶段Ⅶ：成功的要素

当宝宝进入脑皮质发展复杂期，爸爸妈妈就可以分享由于左右分边带来许多健康成长的乐趣啦！在亲子健康乐园的许多3岁的宝宝较早就达到阶段Ⅶ了。家长们反映说他们的宝宝甚至更早就有左右分边的倾向。有些家长对此感到疑惑，当他们认为宝宝惯用右手后，但有时却会发现又改用左手了。这并无关要紧，这是因为宝宝正处在左右分边的过渡之中。只要进入了阶段Ⅶ，他自然会做正确选择的。

1. 惯用左手还是右手？

当你确定宝宝已进入阶段Ⅶ，但却无法认定他惯用左手还是右手时，可做下面操作训练。如多让宝宝捡球、跨栏杆、体操等需要先伸出某一只手或脚的活动。练习的频率、强度、时间越多就越早能分辨出惯用边。有时你会在无意识中发现。比如当你将皮球踢向宝宝两腿间时，观察发现，看看宝宝用哪只脚把球踢回来，踢球的那只脚就可以确认惯用边。如果你总是将球踢向他的右脚边，那他也只好总用右脚将球踢回。所以，将球放在两腿中间位置,让他的大脑做抉择吧!

2. 做各种体能运动游戏

无论是从生理角度还是神经学角度,宝宝已经具备从事相关体能训练活动能力了。下面介绍宝宝喜欢的几种运动游戏:

(1)做体操

简易瑜伽。宝宝双腿叉开着坐在地上,双手撑地,坐后慢慢将右腿抬到左腿上,越靠近臂部越好。坚持一段时间后,再换方向。将左腿放置于右腿上,越靠近臂部越好。继续反复做。

(2)脚部肌肉拉伸

①宝宝双腿叉开着坐在地上,双手撑地,头部慢慢向下低,同时双腿向上台,直到双腿超过头部,然后再慢慢放下双腿,恢复原状。休息片刻以此再继续做。

②屈膝跪在脚踝上,然后吸气、双臂伸直、撑地、使整个身体向上提。然后呼气,手臂贴着地面向前伸,整个身体向前弯曲,背部呈拱形。

③身体俯趴在地上,双肘撑地,双手靠近肩膀位置。然后用手臂慢慢撑起上半身,头部向后仰,同时,双腿向上弯曲,双脚尽量靠近头部。

④双腿伸直坐在地上,双手撑地。然后将双腿同时向上抬起,越高越好,努力保持身体平衡。坚持几秒钟后,恢复原状,然后继续做。

(3)弹跳与平衡力

①宝宝做简单平衡小游戏已经没有问题了。现在需要加大游戏的难度。你可以让宝宝在小土堆上单腿站立保持平衡。同时手里还拿着一个小熊猫或一辆小汽车,这样他就没办法伸开双臂来保持身体平衡了。用这样的小游戏锻炼平衡力。

②把一根粗绳围成一个圆放在地上，直径约 60 厘米，让宝宝从距离 50 厘米原处向圈内跳，双脚落地时，双手需触地。

③障碍跳。事先在地上放麻绳、手帕、短木棍等"障碍物"，让宝宝逐一跳过。两个"障碍物"之间的距离可以逐渐增大。且宝宝双腿落地时，需要下蹲，同时双手触地。

④宝宝首先蹲在沙坑里，双手撑地，然后双腿猛地向上弹起，整个身体一跃而起，然后再降落。休息片刻，再次跳起。

⑤跳房子。这是一个有效锻炼宝宝弹跳能力和平衡能力的小游戏。游戏规则是：首先在地上画出连在一起的方格。有正方形、长方形和半圆形相结合。画完之后，在第一个格写上"人间"，在最后一个格和倒数第 2 个格内分别写上"天宫"和"地府"。游戏形式：有两人轮换跳，几个人轮流跳，多人分成两组轮换跳等。跳格时，先将一个沙包放在第一个方格外，跳者全神贯注，用脚轻轻地将沙包踢进第 1 格"人世"内，然后单脚跳进第一格，用支撑脚将沙包踢进第 2 格。依次进行下去，直到将沙包踢过全部方格。中途累了，可以在规定的方格内休息片刻（即可双脚站立的第 5 格）。如果有人在踢的过程中出现沙包压线、出格或连穿两格的现象，算失败一次，下一轮要重新从第 1 格跳起。先到达终点者要把沙包放在脚背上，轻轻走出方格。先完成全套动作者为胜，输者要接受惩罚。

（4）皮球游戏

①滚球。在距宝宝 2 米远处放一个纸篓，让宝宝手握小球朝着纸篓方向滚动，若能击中目标则为胜。待宝宝对小球游戏非常熟练后，可以继续增加纸篓的距离，或者在这段距离之间加一个斜面，然后继续做。

②拍球。给宝宝一个小皮球，让他试着自己拍球。起初，让

宝宝在平坦地面上拍球,这样小球容易弹起来。待宝宝拍得熟练了,可以开始为他计时,看看他每分钟能拍多少下。还可以让宝宝和小伙伴们来场拍球比赛哦! 为了增加难度,可以让宝宝一边拍球,一边向前走,每走一步拍一下球。也可以对着一堵墙投球,球被墙反弹回来时,要迅速上前抓住它。

③抛球。把球轻轻向上抛弃,等球落下来时再稳稳接住。还可以一边抛球,一边向前走,这样会增大接球的难度。或者两个小伙伴面对面互相投球。起初,两个人之间的距离应该尽量小一些,随着两人合作越来越好,可以逐渐增大距离。

④滚球。让宝宝同 3 个小伙伴坐在一起,双腿同时叉开,围成一个小圈,让小球沿着时针方向在 3 人之间滚动。

⑤躲球。你和宝宝面对面站着,你将小球滚向宝宝脚下时,宝宝立即跳起来,不能让球碰到自己的脚。宝宝还可以一次叉着腿跳起,一次并着腿跳起。

⑥追赶球。在宝宝面前拉起一根绳子,绳子距宝宝 1.5 米。宝宝将小球抛过这根绳子,抛出之后,立即去追,捡到小球后再把它抛回来。

⑦小球杂耍。给宝宝两个颜色不一样的小球,让他学着电视里的小丑玩抛球杂耍。抛球时,要选择适合的站姿,两腿分开,与肩同宽。首先,两手各握一个球,将球 A 从右手抛出,在头的高度划一个圆弧抛到左手。在球 A 到达左手之前,松开球 B,将球 B 传给右手,并抓紧。

⑧打羽毛球。宝宝现在可以接触羽毛球了。起初,可以让他先拿着一个球拍自己练习,等着他逐渐培养起感觉之后,再教他如何对打。

(二)体能训练小结

可爱的宝宝现在走到哪儿了? 他伴随时光岁月,星移斗转,已经走完了婴儿期和幼儿期两个发展阶段,开始步入学前儿童期了。从出生时还不会爬行的婴儿,经过 5 年的勤奋学习训练,到今天,已经成长堂堂挺立的小大人了,现在已迈进学前发展阶段的大门,将要迎接新的、前所未有的、全面的学习新知识的挑战。含辛茹苦的爸爸妈妈呕心沥血地为他们的宝宝创造了一个又一个理想的环境和机会,加速了各个阶段大脑发育的速度,促进身体发育、运动机能、智力和心理、社会能力的全面发展。

从身体发育看,过去一年在少数宝宝身上发生的变化,到了今年在你的宝宝身上显露出来。例如:身材日渐苗条;头额骨不再变大;上身比下身长的慢;婴儿脸完全消失;凸起的鼻子让脸的轮廓越来越清晰。脖子变长,躯干日渐挺拔,身体重心继续下移。胳膊和腿变得又细又长,身体开始出现成人的比例(肩宽、胯宽、腰身开始变得明显)。现在,宝宝与宝宝之间的身高差异越来越大。这个年龄段的平均身高约为 110 厘米,上下浮动 9 厘米属正常现象。另外宝宝的平均体重约为 20.5 公斤,上下浮动 5 000 克也属正常现象。同时男孩与女孩的身体发育情况会有所不同,通常,女孩会比同龄男孩娇小一些。

宝宝 6 岁左右就开始换牙。第一颗乳牙的生理性脱落多数发生在 6 周岁左右,但也有早在 4 周岁,迟至 7 周岁至 8 周岁的不必担心。自然脱落的乳牙没有牙根。爸爸妈妈应该注意观察,不要同乳牙牙根折断相混淆。随着乳牙的脱落,宝宝的第一批臼齿也会不知不觉地长出来。因此,这一阶段通常被专家们成为"6 岁磨牙期"。从现在起,就要开始为宝宝进行口腔护理了。

从运动技能看,宝宝已经能够很好地掌控自己的身体了。爬树、跳高、跳远、骑自行车、溜冰、滑雪等都已不成问题。例外,宝宝现在的身体协调性也越来越好。玩球的时候就能体现这一点——在短距离内,已经可以灵活地抛球和接球了。到了这个阶段,无论是在家里还是在幼儿园,都应该让宝宝多做一些专项体能训练。这既能促进宝宝的运动机能,又能有效预防脊柱变形等疾病。

宝宝的精细活动技能大有提高。这是他今后练习写字,学电脑游戏的重要前提。剪纸、绘画、串珠子、拧螺丝、揉面团等精细活动都做得很像样。这充分表明,宝宝已经具有良好的整体运动机能。

从智力和心理发展来看,宝宝现在感知能力极强,已经可以像大人一样去看、去听了。而且一个前所未有的突破是,他现在已经长时间聚精会神地去做一件事情了。这对宝宝今后校园学习非常重要。而且,宝宝在做游戏时,已经不是单纯地找乐子了,他开始试着从中学到新东西。通过反复玩一个游戏,宝宝会从中发现一些简单的小规律,并牢记在心。宝宝现在如此好学,小脑瓜里当然会看出好多问题。所以,那个疯狂的"发问阶段"此刻又卷土重来了!宝宝总是要了解事物的千丝万缕的联系。对所有的新鲜事物都极其好奇,总想探索每件东西的内部结构。现在拆东西的欲望特别强烈。另外,宝宝在处理问题时,开始学会"三思而后行"了。也是说,他会先把所有可能解决的方案在自己的小脑袋里过一遍,然后找出一个可行的用来解决问题。宝宝 另一个显著进步是,他对时间的观念更强了。开始对日、月、年有了自己的理解,能够领会年龄的意义了,知道大人之所以叫"大人"是因为比小孩年龄大,还能说出现在几岁了,而且开始对身边的小伙伴、爸爸妈妈、爷爷奶奶感兴趣。

语言能力突飞猛进。由于宝宝在过去的时间里能够经常和爸爸妈妈家人说话,创造很好地语言环境,现在宝宝的语言表达能力大有提高,主动词汇量明显增多(是指宝宝说话时能够主动想起用过的词汇,)同时"被动词汇量"也与日俱增(是指宝宝在理解别人说话时所记住的词汇)。而且,通常被动词汇量比主动词汇量大得多。另外,宝宝说出口的句子越来越复杂,包含的词性和种类越来越多。宝宝这种良好的语言能力是日后发展很多其他能力的重要前提。

从社会能力看,宝宝自我独立的能力越来越强,已经可以自己走出家门去拜访邻居的小伙伴了。而且,他很喜欢充当东道主的角色,把小伙伴请到家里来做客,从经常同他一起玩的小伙伴中间找到真正的友谊。当双方因某种原因发生矛盾时,已经能够迁就对方而压制自己的情绪,并且尊重对方的意见。当他遇到和自己投脾气的小伙伴后,便会热情友好地与他相处,他们的友谊必然会日渐深厚。另外,宝宝的合作能力也有充分体现。例如,当宝宝们一起玩堆沙堡时,他们分工明确地进行合作,一个人负责挖沙子,另一个人负责取水,第3个人负责筑堡,大家各司其职,配合愉快。每次做游戏时都会有一个宝宝充当领头人,给大家分配任务,指挥大家怎么做,其他宝宝心甘情愿地听他差遣。等到下一次一起玩游戏时,就由另一个宝宝充当领头人,也就是说,每个宝宝都有机会做领头的人。总之,他在会尽可能多地去尝试大人们做的事情,而且有时还会因为自己年龄不够大,不能把事情做得同爸爸妈妈一样的好而苦恼。

你的宝宝上述5种能力足以向更高难度的体能活动,应对来自各方面的挑战。现在他已身处脑皮质发展复杂期阶段,将用生命的第6年刻苦磨炼,以更大的努力去完成平凡而又伟大的目标,创造与同龄宝宝不同的业绩,为人生幼儿发展阶段划上完美的句号。假如你问什么是人的完美体能？将会得到一个很精辟地答案：结实的肌肉，超级的运动员，伟大的竞争者。

请记住，如果你的宝宝在 36 个月大前完成目标，他的活动智慧超过 200；如果刚好是 36 个月大，他的活动智慧为 200；如果刚好是 72 个月大，则他的活动智慧为 100。如果比 72 个月还慢，可能智商有问题。那就继续与他一同训练有关呼吸功能、平衡功能和协调功能等能力。

二、操作能力——写字

分级：学龄前儿童。

脑阶段：脑皮质发展复杂期。

表格颜色：紫色。

功能：学习写字。

平均年龄：72 个月大。

说明：到了这个阶段，宝宝双手操作技巧已达到很高水准。爬楼梯、爬树、跳高、跳远、保持身体平衡已不成问题。体操、芭蕾、游泳、潜水、滑雪……都学会了。现在宝宝可用不太技巧的手拉着弓，用较技巧的手拉着箭弦，并夹住箭尾，用较具技巧的那支眼睛瞄准靶心射中大气球。这样精细动作是大脑负责运动的运动区作用的结果，也就是一侧大脑协调相关器官的结果。最重要的是他现在已确认用哪只手持笔写字，而另一只手为辅的训练。

目的：手部功能训练的目的是刺激脑皮质增厚，突触数量更加密集，让大脑始终处于活跃状态。正常情况下，使用右手的情况比较多，根据大脑的分侧性，必然使用右脚、右眼、右手和右脑半球，让宝宝学会能读、能写、能说话。

（一）写字

到了这个阶段,宝宝已具备训练写字的能力。首先,宝宝的小右手能握住笔控制笔尖;其次,他能按照字帖画出字的笔画,清楚地看到笔尖在纸上移动,尽管写的七扭八歪,还很不好看,但却迈出了人生智能的可喜的一步——会写字了。这一步是继走路、说话之后,创造的生命奇迹,点赞充满阳光健康成长的一步。这一步是大脑镜像神经元系统通过接受字型笔画的传感信息并开始工作,随之就明白该如何在模仿的作用下完成的。期间,大脑神经元也受到很好地锻炼,脑部分侧性功能也更臻完善。

至于是否在宝宝学前阶段教给他读写,在教育界始终存有争议。因为,如果在课堂上老师讲的知识宝宝已经知道了的话,那么就很可能会觉得学校生活无聊没趣。但是,通常宝宝到了这一年会对"文化技能"极其感兴趣。如果他身边已经有上学的小哥哥、小姐姐的话,他会更加如饥似渴,有时自己主动发问:"这个字怎么写?""那个字怎么念?""这两个数字加在一起是多少?"等等,你必须为他回答,支持他这种急切地求知欲。因此说,学前的读写训练更多的是一种游戏。引导宝宝在游戏中学,在游戏中练,同老师在课堂上系统讲授是有区别的。其目的是通过"写"的训练,锻炼宝宝的手指灵敏度,是入学前的准备性启蒙教育。从另一个角度说,想要不让宝宝接触这些技能,也是很难做到的。从更高的层面说,这无疑地是对宝宝人格的一种尊重。

（二）体能训练小结

宝宝现在已进入脑皮质复杂期的发展阶段。根据日本右脑教育专家真田七研究成果,可以用右脑的训练方法练习写字。

首先让宝宝看字帖,然后扣过去,让他进行图像记忆。之后把图像再现出来。当然,在这之前也要进行冥想和呼吸,静下心来,进入右脑状态后,再进行图像记忆训练。刚开始训练时,可以从一个字入手。例如,看"宝"这个字 5 秒钟后,进行快速图像记忆,然后写在纸上。当能够在图像中看到"宝"这个字时,就能把这个字完美地写出来。宝宝的字从原来的歪歪扭扭变得漂亮工整。他在参加亲子健康乐园各年龄段宝宝写字展时,他获得学前段一等奖。可亲的宝宝又获得了成功!训练实践证明,你的宝宝脑皮质发育略高于同龄段的孩子。这是一件多么值得祝贺的成长喜讯啊!爸爸妈妈 6 年的精心养育终于得到了满意的汇报。

第三篇
早教体能训练
——附录

一、教会宝宝成为一名游泳爱好者

游泳不仅是人类很重要的一种生存能力。而且也是强身健体的一项极好运动。游泳的好处多多。它能促进肢体更加强劲,具有持续的活动耐力;它能促进呼吸系统更加健康,具有很强的呼吸力;它能不断刺激大脑皮质,促进大脑良好发育;它能锻炼勇敢和毅力,培养积极向上乐于进取的品格。

玩水是宝宝酷爱的活动。当妈妈将他放到大洗浴盆里时,你不难发现兴奋的表情。小脸蛋露出不寻常的笑容。两只小手不停地拍打水面,两只小脚丫在水里不停地摆动,而且越拍打越有力,妈妈无论怎样阻拦也无济于事。当妈妈考虑洗浴时间太长,担心感冒将宝宝从水盆中抱起时,他竟然大哭不止。妈妈见此情景,只好无奈地又把宝宝放回浴盆中。宝宝玩水充满无限地快乐。

正常情况下,宝宝 5 个月大就可以学习游泳了。早教专家指出,如果把早期游泳贯穿婴幼儿成长始终,将对他体能智慧培养和有序地刺激大脑发育具有无可争辩的益处。具体地说,游泳能促进宝宝骨骼快速发育,不断增强他的肢体能力。游泳能促进宝宝体能形成和发展,不断提高如爬行、抓握、攀缘、站立、行走、跑步等相关能力;游泳能刺激大脑动作皮层和肌肉的神经回路,通过不断的动作活动得到强化;游泳能通过有规律和节奏的身体动作活动,不断培养运动技能,包括力量、灵活性和坚定性。总之,宝宝学习游泳的益处可概括成一句话:增强体能、发育大脑、快乐一生。

二、联合国教科文组织的建议

"联合国教科文组织"对幼儿教育的提案,在观念上相当值得现在为人父母亲者的重视及关心:

（1）健康应该是身体和精神两方面

传统的"科学育儿"，在经过深入调查后，已被认为虽有助于身体健康，却深深有害于心理的健全，这种心理的不健全也会影响幼儿的成长。

最明显的是"定期哺乳"的规定，虽然对幼儿的胃肠负担有很大的帮助，但却会使幼儿产生严重的欲求不满。婴儿时期，孩子所有欲望都集中在"口"，嘴巴不只用来补充食物，也是与妈妈做沟通，以及认识外界的一条通路。采用会引起欲求不满的方法显然是不明智的，所以今天这种定时哺乳的观念已被做相当的弹性运用，这也是心理健康已被逐渐重视的明证。

（2）建立安定感

传统的教育特别强调礼教，只要孩子表面守规矩，服从父母就可以了，心理上的不服气或反抗则不被重视；并且很多父母、老师把"听话"及"乖孩子"做相同的定义。

现在，则要求父母不再正式命令孩子，更不要用"好孩子都这样做"来打击其信心，而应尽量用正面的鼓励以夸赞。提高幼儿的学习能力，是使幼儿懂得去适应社会生活最好的方式；学习能力较强的幼儿，对自己所做的事较具信心，也较能够与陌生的外界取得沟通。

（3）培养独立心

要尽量平等看待孩子和家里的其他分子。孩子不再是命令下被动的帮忙者，对他们而言，帮忙家务是他们建立并维护家庭生活的责任之一。有了这种观念，独立心便已建立。

小孩子到了三四岁以后，应尽量给他们一个独立的房间，拥有自己的"空间"也是养成独立心很重要的条件。

（4）养成自我教育的态度

传统的教育最重要的是遵守规范，但现在的生活应尽早培养孩子自己教育自己的态度。

如果父母过分严厉,使小孩产生强烈反抗意识,则这种严厉教育方式的效果并不大。因此宁可让孩子有自我磨炼的心愿,才能将不对的习惯及倾向自己做扭转。这也是在锻炼孩子有足够的学习能力,学习能力较强的孩子,才能做正确的自我批判,而去完成他心理的成长。

(5)父母亲是孩子的榜样

传统的教育观,对孩子与父母的要求标准是不同的:父母是成人,可以恣意而行,小孩子则多要受到规则的约束。但要适应民主生活的社会,就必须彻底了解"平等"的意义。

(引自《如何激发幼儿潜能》陈文德著,中国台湾远流出版公司,1994年)

三、一个有益于6岁以下儿童的学前方案的目标

帮助每个儿童经验智能的增长和接受环境刺激

·发展对学习的积极的态度。

·学会发现,提高解决问题的能力。

·通过探索、观察、倾听、触摸、尝、嗅和平衡来认识周围环境,提高知觉意识。

·通过口头表达自己的思想和他人的交往,增加词汇,并提高清晰发音的技能,发展听觉辨别力。

·倾听和欣赏故事、诗歌、音乐和节奏。

·发展有关自己周围世界的概念和理解力。

·参加戏剧性的游戏、戏剧性故事的表演、按顺序讲述经历,报告旅游的见闻,帮助小组总结经验。

·通过算术、科学、社会科学、语言艺术的其他课程范围,获得对概念的理解力。

·学会用工具、各类材料和设计实验,为将来学习打下基础。

帮助每个儿童成为情绪稳定的人

·建立积极的自我概念,即逐渐意识到作为一个有独特个性的人的自我价值。

·发展自信心和自身能力,成为独立的信赖自己的人。

·提高在与周围环境中的儿童、父母、教师和其他成人交往时的自信心。

·坚持自我努力,体验成功的喜悦。

·接受和适应遭到反对和不成功。

·表达自己感情的情绪性:愉快、厌烦、同情、怜悯、幽默、欢笑、害怕、忧虑、愤怒、挫折、敌视、嫉妒,并学会建设性地建立表达上述感情的途径。

·建立对感情和其他情绪的移情作用。

帮助每个儿童成为社会的良好适应者

·建立与家庭中的亲属、同伴以外的成人的积极的相互关系。

·体验、认识作为社会一员的权利。

·学会尊重别人的权利。

·学会与别人合作,并且尊重别人的权利。

·学习作一个领导者或随从者。

·通过经验学会分享所有物和依次分享。

·对自己的行为负责。

·学会给予和接受有益的批评。

·学会相应指示并接受社会生活中的种种限制。

·对于自己所有物和他人财物能有接受照管的责任。

帮助每个儿童获得身体的健康

·提高肌肉的控制力和协调性。

·养成合理的卫生习惯:例如每天盥洗、洗手,在休息期间放松,根据天气变化穿合适的衣服。

· 对有营养的食品有正确的态度。

· 提高对于身体和身体各功能有益于健康发展的积极态度。

· 学习走路、跑步、端坐、站立、躺下的正确姿势。

· 接受偶然的和不使人为难的在男、女孩之间存在的生理差别。

· 练习在使用工具设备时的安全程序。

· 通过安全性练习培养自信心来发展安全感。

· 经验一种活动、娱乐、休息平衡的日程表。

· 接受和了解他人和自己的缺点。

· 建立对医生、护士、牙医和公共卫生局的积极态度。

· 从事各种各样的运动：如跑、蹦、跳、单脚跳、推、爬、抬、滑、下降和滚动。

· 通过投、接、拍、滚球，在木板上行走或保持平衡，将身体悬吊在单杠或梯子上，翻跟头和在器械上爬行等活动获得运动技巧。

· 认识危及安全的事物：如在深水下遇见猛兽、打碎的玻璃杯、导线、刀刃、木片等。

· 拒绝乘陌生人的交通工具和接受别人的馈赠。

帮助儿童提高审美能力

· 运用所有的感官来感受世界。

· 觉察周围世界的美。

· 表达各种情感与表达多种想法一样好。

· 鉴赏多种多样的文化作品：如音乐、艺术、语言、舞蹈和创造性表达的其他形式。

· 欣赏优美的文学作品、诗歌、故事和剧本。

· 通过语言、运动、音乐、艺术、结构和其他活动表现自己的创造性。

·体验创造的欢乐和解释自己活动的愉快。

·欣赏美术作品和其他方面的美的表达形式。

·喜爱社会中的音乐家、艺术家、舞蹈家、作家、诗人和手艺人的作品。

（上海市教育委员会、上海市学前教育改革发展实施纲要、《上海教育》小学版,1988 年第 5 期。）

四、孩子们从生活中学习

如果一个孩子生活在批评之中,他就学会了谴责。

如果一个孩子生活在敌意之中,他就学会了争斗。

如果一个孩子生活在恐惧之中,他就学会了忧虑。

如果一个孩子生活在嫉妒之中,他就学会了嫉妒。

如果一个孩子生活在耻辱之中,他就学会了负罪感。

如果一个孩子生活在鼓励之中,他就学会了自信。

如果一个孩子生活在忍耐之中,他就学会了耐心。

如果一个孩子生活在表扬之中,他就学会了感激。

如果一个孩子生活在接受之中,他就学会了爱。

如果一个孩子生活在认可之中,他就学会了自爱。

如果一个孩子生活在承认之中,他就学会了要有一个目标。

如果一个孩子生活在分享之中,他就学会了慷慨。

如果一个孩子生活在诚实和正直之中,他就学会了什么是真理和公正。

如果一个孩子生活在安全之中,他就学会了相信自己和周围的人。

如果一个孩子生活在友爱之中,他就学会了这个世界是生活的好地方。

——多萝西·洛·诺尔特

（引自《学习的革命》,上海三联书店,1998 年版. 第 76 页）

五、陈鹤琴先生"活教育"的十七条原则

原则一　凡是儿童自己能够做的,应当让他自己做;

原则二　凡是儿童自己能够想的,应当让他自己想;

原则三　你要儿童怎样做,就应当教儿童怎样学;

原则四　鼓励儿童去发现他自己的世界;

原则五　积极的鼓励胜于消极的制裁;

原则六　大自然、大社会是我们的活教材;

原则七　比较教学法;

原则八　用比赛的方法来增进学习的效率;

原则九　积极的暗示胜于消极的命令;

原则十　替代教学法;

原则十一　注意环境,利用环境;

原则十二　分组学习,共同研究;

原则十三　教学游戏化;

原则十四　教学故事化;

原则十五　教师教教师;

原则十六　儿童教儿童;

原则十七　精密观察。

(摘自《陈鹤琴教育文集》(下卷),北京市教育科学研究所编著,北京出版社,1985 年版)

六、尊重我们的孩子

人们在对待社会及工作问题上,常常能自动地应用民主概念。但在家庭在对待孩子的教育上却时常暴露出潜在的家长意识,其中很大的原因是因为人们认为孩子们年幼无知,体力缺乏,毫无经验,完全在我们的保护伞下,我们对他们负有完全的责任,因而也就有了权力来指挥他们。表现为独断专行片面主

观,站在成年人的立场去体味孩子的思想与感觉,在这种思想的指导下位置便有了倾斜。过分看重了自己的权力而忽略了孩子们的权利。每一个孩子是有主动性的个体,因而也就有了权利。即使孩子在很小的时候,也不能忽视他的权利,随意调遣。相互平等及尊重的关系不仅只存在于成人之间,也存在于成人与儿童之间。从幼儿一出生开始,做父母的就应该意识到这是一个有自己权利的个体,我们应当尊重他,而不仅仅是拥有他。我们常常能够看到向别人展示自己的幼儿,逼迫他们向陌生人做各种动作或者微笑,做父母的是满脸笑容,但是孩子却咧着嘴,哼哼唧唧地哭,因为孩子需要睡眠,或者不高兴做这件事。但是我们常常忽略这种要求,而只是凭自己的兴趣向大家展示他,我们这样做就是没有尊重我们的孩子。

黄志坚·美国人的家庭教育[M].北京出版社,1998.

七、宝宝最佳营养膳食

合理膳食对孩子的身体发育至关重要。尤其是在婴儿时期和幼儿时期,此时宝宝的成长速度非常快,对食物与水分的需求也极高。宝宝刚出生后的头 3 个月里,每天需要饮入相当于 1/6 自身体重的水分(相当于一个体重为 60 千克的成年人每天饮入 10 升的水),并且每千克体重需要摄入 120 卡路里的热量。除了要保证为宝宝提供足量的食物之外,还要注意各种营养物质之间的搭配,因为,宝宝在不同的发育阶段对蛋白质、脂肪、碳水化合物、维生素和矿物质等营养物质的需求是不同的。供给宝宝成长发育所需要的足够营养,不仅可以预防疾病,还可以帮助其建立良好的饮食习惯,为其一生建立健康的膳食模式奠定坚实的基础。

婴儿期(1 周岁前)的营养膳食

宝宝出生后的头几个月里的最佳食粮当然是妈妈的乳汁。

因为,乳汁中含有宝宝需要的所有营养物质。宝宝既能从妈妈的乳汁中获取足够的水分,又能从中得到特殊消化酶以及保护消化器官免受感染的免疫球蛋白。

通常,母乳喂养要至少持续到 6 个月,在那之后才能喂宝宝母乳以外的其他食物。因为,母乳中各营养物质之间的比例搭配最为理想,而且还会随着宝宝的不同需求不断变化:

不仅在每次哺乳的过程中有所改变(起初,乳汁会比较稀薄,主要为宝宝解渴;稍后会变得越来越浓稠,所含油脂越来越多,主要为宝宝消除饥饿),而且在宝宝的整个发育过程中也不断变化。

为宝宝哺乳不用受时间的限制,只要宝宝饿了就可以喂。通常,宝宝出生后的前 4 周内,至少每 4 个小时要哺乳一次,当然,也有可能宝宝距离上次吃奶才过了 3 个小时就又饿了,或者到了第 4 个小时还不太饿。宝宝这样"不规律"的吃奶习惯有很多原因:也许是因为宝宝刚刚哭闹了好久,消耗了体力,所以很快就饿了;也有可能到了"饭点"时,宝宝正在睡觉,突然被叫醒后,当然很难好好吃奶。宝宝这种不规律的吃奶习惯也会反过来影响妈妈的泌乳量,因为,母乳也是有自己的"供应—需求"规则的。

母乳——宝宝的最佳食粮

如果哺乳期间妈妈正在服药,那么,就应该向医生咨询,药剂是否会通过乳汁伤及宝宝。通常,只有在很少的情况下,妈妈才有必要因为服药而停止哺乳。另外,母乳中所含的环境污染物通常会比牛奶中的多,但是,这也不能构成断奶的原因。研究表明,母乳喂养的利远远大过弊(不仅对宝宝,也对妈妈自身)。

另外,有些妈妈会听从诊所医师的建议,每餐前后均为宝宝测量体重,实际上完全没有这个必要。因为宝宝每餐吃掉的食物分量不等,因此,测量出来的结果必然会很不稳定,频繁测量只会让妈妈们神经过度紧张。建议每周只为宝宝测量一次体重即可。通常,宝宝在出生后的头 3 个月里,每周会增重 130 ～ 180 克;出生后的 4 ～ 6 个月,每周会增重 100 ～ 150 克。从 6、7 个月起,就可以开始给宝宝断奶了。起初,可以喂给宝宝少量的蔬菜粥来代替乳汁,此后逐渐加量。慢慢地,为宝宝哺乳的次数会越来越少。但也不必一下子把母乳完全断掉,可以每天仍哺乳 1 ～ 2 次(通常是在清晨或者傍晚),一直持续到宝宝 1 周岁时。另外,如果你在哺乳方面有困难或者有疑问的话,可以参加国际母乳会。在各个国家的各大城市都会有这样的组织,定期举行母乳喂养等相关话题的聚会,会上年轻妈妈们可以解决困扰自己的问题并互相帮助、支持。具体地点可以到当地的妇女联合会咨询或者登录"国际母乳会"的官网。有时,母乳会的工作人员也会到医院的妇产科发放宣传单,如果需要的话,可以多多关注。

奶粉喂养:出于某些原因不能母乳喂养的妈妈们可以选用奶粉喂养,奶粉喂养虽然不如母乳,容易引起宝宝营养不良和消化紊乱等症状,但只要选择合适的配方奶粉,且调配恰当,也能满足宝宝的营养需求。调配奶粉时,一定要严格按照包装上写明的剂量,不能一次性冲的太浓,否则会加重宝宝脏器的负担。

从母乳过渡到其他食物

奶粉喂养,也要遵循"按需喂养"原则,只有当宝宝饿了的时候才喂他。通常,吃奶粉的宝宝会长得更快些。如果你的宝宝就有这种长得快的情况,则可以把每天的"晚餐"由奶粉改成无糖果茶,(切记! 不可以给宝宝喝茶!)这样可以减少宝宝摄入的热量。(编者注:无糖婴儿果茶是一款德国常见的,适用于婴儿的有机水果饮料,冲泡即可。)

同时,建议从第 4 个月起,就开始为宝宝加辅餐(水果粥/蔬菜粥),因为,仅靠奶粉无法为宝宝提供充足的维生素。

　　半岁以后,等宝宝长出小牙来,就可以慢慢地喂他吃一些干的食物了,即逐渐用蔬菜粥、全脂牛奶谷物粥来代替母乳/奶粉(见下页图表)。在一些婴幼儿食品商店里可以买到加工好的婴儿粥,其中的矿物质和维生素等营养物质都已经按照最佳比例调制好了,营养又方便。有的年轻妈妈更喜欢亲手为宝宝煮粥,因为她们认为买来的速食粥调味过重。亲手煮粥当然更好啦! 只是,妈妈们要注意,一定要选用新鲜的食材(因为放太久的蔬菜和水果会流失大量的维生素与矿物质),少盐,少糖,并且尽量用含有大量非饱和脂肪酸的植物油。

　　等到宝宝快 1 周岁时,就可以上桌和家人一起吃饭啦! 这时,可以把一些味道清淡的饭菜放到宝宝旁边,让他和家人一起来享受美味的一餐。

婴儿期膳食指南

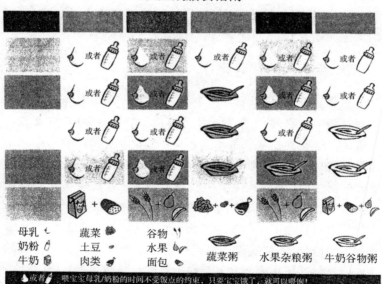

母乳　蔬菜　谷物　蔬菜粥　水果杂粮粥　牛奶谷物粥
奶粉　土豆　水果
牛奶　肉类　面包

或者　喂宝宝母乳/奶粉的时间不受饭点的约束,只要宝宝饿了,就可以喂饱!

幼儿期(1周岁~6周岁)的营养膳食

到了第二年,宝宝会越来越喜欢和家人一起在饭桌上吃饭。

开始学习使用勺子、叉子(起初,这对宝宝来说会比较困难,但不妨让宝宝自己多加练习,慢慢地,他会用得越来越熟练),并且开始出现挑食现象。

这一阶段,有一点需要格外注意:千万不要强迫宝宝吃东西!无论是强迫他吃自己不爱吃的食物,还是强迫他一定要吃固定的量,都不可以。因为这一阶段,宝宝的饥饿感和饱腹感都是非常准确的,当他不想吃某种东西时,证明他的身体目前不需要这种食物;如果他格外喜欢吃一种食物,那就证明他的身体此时此刻很需要它。因此,在宝宝吃东西时,不要过多干涉他!

但是仍有特例:甜食!小孩子对甜食往往很少有抵抗力。吃太多甜食对身体无益,因此,爸爸妈妈必须要限制宝宝每日吃甜食的量(绝对的禁止是不可取的,因为越是禁止,甜食对宝宝的诱惑就越大)。

八、全家人的营养膳食

看到这里,你可以思考一个问题:你们一家人平日里的膳食合理健康吗?通常,大多数成年人吃的食物都太油腻、太甜或者太咸了。这些食物宝宝是承受不了的,因为他现在的消化系统还很薄弱,而且宝宝现在的营养需求比较特殊,他比成年人需要更多的蛋白质(可以从肉类中获得)、钙(可以从牛奶和奶制品中获得)、铁(可以从肉类、水果和蔬菜中获得)以及维生素。

宝宝开始和家人一起在饭桌上吃饭,对他来说是一个显著的成长,对家里的其他成员来说则是一个纠正自己饮食习惯的好机会。如果你和你的家人之前很爱吃口味较重的饭菜,那么,你们现在就应该和宝宝一起吃些清淡、健康的饭菜了。

1~6周岁的宝宝需要什么样的营养物质呢?怎样的膳食

才是适合宝宝的呢？

通常，1～3岁的宝宝平均每天需要摄入1 100千卡的热量，对各种营养物质的需求量为：600毫克钙、8毫克铁、55毫克维生素C（其他维生素均低于1毫克），另外每天还需要40克蛋白质、45克脂肪以及140克碳水化合物。

而4～6岁的宝宝平均每天需要摄入的热量约为1 500千卡。对各种营养物质的需求量为：700毫克钙、8毫克铁、60毫克维生素C、其他维生素仍低于1毫克，另外每天还需要50克蛋白质、60克脂肪以及185克碳水化合物。

当然，以上都是平均值。宝宝每天的摄入量可以稍微上下浮动一些。这完全取决于宝宝自己的身体状况。

九、健康菜谱

宝宝的每日膳食可以参考下面的健康"菜谱"：300毫升牛奶（含3.5%的脂肪）、15克奶酪、50克肉类、20克油脂、140克面包、15克糖、200克新鲜蔬菜以及150克水果。

合理膳食告别疾病。当然，宝宝的膳食不能仅限于"菜谱"里介绍的这几种食物，还应包含更加丰富的营养物质，以达到营养均衡。

由于如今的环境污染问题，已经不能保证哪种食物中完全不含环境中的有害物质了。就连有机水果和蔬菜都不能保证其完全未受有害物质的侵袭（例如：铅、二噁英）。但是，这并不是说，挑选食材之前的所有考虑就变得没有意义了，毕竟，好好考虑一番还是可以降低食物中含有有害物质的可能性的，下面的几点建议可以帮助你更好地为宝宝挑选食材：

· 肉类

挑选肉类时，要尽量选择瘦肉。因为通常有害物质都会储存在脂肪组织中。动物内脏最好只选用小牛的内脏，每月最好只食用一次,每次少量。

·鸡蛋

最好选用质量有保障的散养柴鸡蛋。散养柴鸡蛋的营养价值较高,尤其是脂肪酸含量较高,而且口感更好。

·面包

建议选择有机全麦面包。研究发现,儿童经常吃精制面粉会增加患糖尿病的风险。全谷物被人体吸收的速度较慢,可以保持宝宝体内的血糖水平,防止胰岛素的突然升高或降低。

·蔬菜

最好选择应季蔬菜。温室蔬菜由于温度、光照等原因会在成长过程中流失大量的维生素和矿物质,且含有高浓度的硝酸盐。

另外,需要注意的是:菠菜、甜菜和芹菜不适合 6 岁以下的儿童,因为其含有高浓度的硝酸盐。

·水果

最好选择有机水果。如果是非有机水果,那么最好在吃前去皮。

十、宝宝的 9 次预防性体检

每个宝宝在入学前都应该接受九次预防性体检。这些检查是为了帮助监测宝宝的成长。医生将检查宝宝是否有身体残疾、心理问题、代谢性疾病体征及智力发育方面的问题。检查的目的在于尽早发现宝宝身体内可能存在的隐患,并及时采取相应措施。因为有些疾病只有在宝宝很小的时候才有可能治愈。爸爸妈妈无论如何都要带宝宝进行这九次预防性体检,即使宝宝平日看起来活蹦乱跳,健康得很。每一次体检均针对一个特定的年龄阶段,用来检测宝宝在这一阶段所获得的技能是否达标。这些体检也叫做 U 检,与宝宝的疫苗接种时间同步。

U1——刚刚出生后

该项体检是在宝宝刚出生时,由产科医生在产房内直接进行的。首先,医生将测量宝宝的身高和体重,并仔细检查宝宝是否患有任何身体残疾。然后,医生将对宝宝进行阿普加(AP-GAR)评分。这项检测将检查宝宝是否有任何紧急情况,是否需要医疗护理。医生或助产士会检查宝宝的外貌、心率、反射性反应、肌肉张力和呼吸。如果每项检查得分均为 9 ~ 10 分,那么就证明,宝宝成功地度过了出生这一关。另外,医生还将对宝宝进行一次全面体检:用探针检测宝宝的食道是否畅通;仔细检查宝宝的背部;抚摸宝宝的腹部,以检查他的器官;检查头上的囟门是否已经打开。之后,医生会将所有的检测结果登记到体检册上,由妈妈带回家,接下来每次体检的结果都会登记在册。

U2——出生后的 3 天至 10 天

这是九次 U 检中最重要的一次检查。医生会再一次将宝宝从头到脚仔细检查一遍、查看宝宝是否患有任何身体残疾、先天缺陷以及其他问题,尤其会仔细检查宝宝的咽腔是否畸形。另外,医生还会从宝宝的足跟抽取微量血液进行检测,查看宝宝是否患有先天性代谢或激素紊乱。如若发现确有此症,立即采取治疗,通常是可以痊愈的,不会再对宝宝未来的发育产生任何影响。

U2 中的另一个重要检查部分是"反射反应检验"。婴幼儿时期的反射反应是婴儿的脑部为适应身体所受到的刺激而产生的自我保护机制,例如:觅食反射——当你将宝宝抱入怀中,用手拂过他的脸颊时,他会立即将小脑袋转向你,并张开小嘴儿,这是宝宝主动觅食的表现,因为,一转过头来就能够寻到妈妈的乳头。紧接着,当宝宝的小嘴儿触及妈妈的乳头时,他的吸吮反射和吞咽反射随即开始。这是保证宝宝觅食的整套反射性反应。

上述三种反射性反应会从第三个月起逐渐消失；宝宝的抓握反射通常会维持到第六个月（将手指或笔杆触及宝宝的手心时，他会马上将其握紧不放）；脚部的抓握反射往往会持续到第十一个月（同理，当你用手指或笔杆触及宝宝的脚掌时，他的脚趾也会立即紧紧收拢）；宝宝的行走反射一般会在第二个月消失（托着新生儿的腋下让他光着脚接触平面，他会立即作迈步动作，看上去非常像动作协调的行走），此反射对宝宝将来学习走路非常重要。

U3——出生后的 4 周至 6 周

通常，医生会再对宝宝进行一次全身检查，测量宝宝的身高和体重，检查宝宝的皮肤、听其心跳，并扫描其内脏，如肝脏和肾脏。其目的并非要检验宝宝身体的单项数值是否符合"标准值"，而是要查明各项数值之间是否协调。因为，单项数值的大小往往取决于父母的遗传，不必非要达到"标准值"，但如若各数值之间出现不协调，那就很容易引发疾病了。

同时，医生还会检查宝宝颅骨的大小、囟门的发育状况，以及颅缝的宽度。如果宝宝的大脑发育得过快或者过慢，都是非正常现象，需要立即进行治疗，但这两种情况均很少见。

宝宝的反射性反应此时还会接受第二次检查。并且，如果你的宝宝是男孩，医生还会检查阴囊，以确保他没有隐睾症。

U4——出生后的 3 个月至 4 个月

医生会再次记录宝宝的身高和体重，检测其反射，并扫描内脏，例如：心脏、肝脏和脾脏，并对其进行听诊。另外，医生还会查看宝宝的囟门，来检查头骨是否正常生长。通常，囟门会在宝宝 18 个月大时开始骨化，在这之前，大脑需要借助这个骨间缝不断生长。

此次体检时，医生还会对宝宝的臀部进行检查：将宝宝的双腿分开，查看臀部线，如若臀部线不对称，则很有可能是臀位不正，日后可能会导致两腿长短不一，并建议到矫形外科进行超声波检查。越早治疗，痊愈的可能性越大。

医生还会对宝宝的活动能力进行细致检查：握住宝宝的双手，将他向上提起，看其能否稳稳地将头保持直立，并尝试跟着身子一起向上抬；此时的宝宝通常趴着时，偶尔会抬头，因此医生也会查看宝宝是否能做这个动作；还将检查宝宝突然听到一个声响时，能否立刻转过头去看。

U5——出生后的 6 个月至 7 个月

宝宝在此次 U 检时可以向医生展示自己已经学会的所有技能。自主翻身、抓握玩具、握着医生的手指自己坐起来、用手把脚搬到嘴里……体检的过程中，如果宝宝没有兴趣继续展示下去了，也可以由妈妈向医生列举宝宝在家里已经可以做的所有动作。

医生还要对宝宝进行一个小测试：

双手卡住宝宝的腰，使其面朝下，让宝宝贴近地面时，看他是否有意识伸手去撑地。这个动作是宝宝今后学习爬行、坐立、站立以及行走的重要前提。

这一阶段的宝宝会有一个重大的进步——语言能力。因此，医生会检测宝宝是否已经能够模仿周围的声响，发出咿咿呀呀的声音。

当然，医生还会再次对宝宝的视力、听力、反射性反应以及器官进行细致检查。

U6——出生后的 10 个月至 12 个月

此次体检需要医生具有足够的耐心。因为，这个年龄段的宝宝已经开始怕生，不喜欢陌生人触碰自己。所以，检查起来会比较麻烦。

医生此次主要检查的内容是：宝宝听到自己的名字后是否有反应；是否理解一些简单的指令；能否发出一些双音节的词

（如：da－da）；不靠手臂支撑，能否直起腰坐着；能否扶着家具站起来……

另外，医生会把很大一部分注意力放到宝宝玩玩具的方式上。会仔细观察：宝宝是否对玩具的小零件感兴趣；是否喜欢反复将手指插进缝隙里；这些动作都是宝宝将来做手部精细动作的重要前提。它们可以促使宝宝从笨拙的手掌抓握过渡到灵巧的指尖捏取。

此次 U 检仍会对宝宝进行一次全身检查，检测反射性反应，并逐一排查疾病隐患。

U7——出生后的 21 个月至 24 个月

此次体检时，医生除了要对宝宝进行常规的身体检查之外，还会格外注意宝宝的双腿发育情况，查看其是否患有"X"型腿或"0"型腿。必要时，会建议父母带孩子到矫形外科进行治疗。同时，还会检查宝宝的牙齿发育状况，以排除患龋齿的可能性。如果宝宝已经患上了早期龋齿，医生会建议到口腔科治疗，并且还会提供一些保护宝宝牙齿的饮食建议。

另外，医生还会检测宝宝的智力发育水平和活动能力。例如：医生会让宝宝指出自己的身体部位（如：你的耳朵在哪里呀？）；会让宝宝说出一些简单物件的名称（如：苹果、小球）；会观察宝宝能否将两个词连贯地说出来；能否用指尖去捏小玩具；两只手是否配合协调；能否扶着栏杆登上楼梯……

待以上项目均检查完之后，医生会让宝宝自己走上一小段路，来观察宝宝的背部和臀部是否发育协调。

U8——出生后的 42 个月至 48 个月

有些父母到了后期会认为，没有必要再带着宝宝到医院做 U 检了。这很令人遗憾，因为，到了这一阶段，宝宝体内仍有可能会出现发育障碍。如果能及时接受治疗，痊愈的可能性会很大。但如果此时宝宝不再接受体检，就很有可能会延误病情。

除了常规检测,此次 U 检还会测量宝宝的血压,测试宝宝的听力和视力。听力测试需要借助相关仪器——医生会为宝宝戴上耳机,耳机中会传来时断时续、高低不同的声音,宝宝需要说出,什么时候,哪只耳朵听到了声音。听力障碍往往很难被父母察觉到,因为平日里,每当父母对宝宝讲话时,他都能够做出相应的反应,所以父母会认为宝宝的听力良好。但是,仅靠这一观察并不能确定,宝宝所听到的内容与真实内容是否有细微出入。只有医生通过仪器才能准确判断宝宝的听力是否完全没有问题正常。

此次体检时,医生还会让宝宝单腿站立,以此来检测宝宝是否具有良好的平衡能力。还会观察宝宝能否将大小拇指的指尖捏在一起,以此来检测,宝宝的小手儿能否做精细动作。医生还会尝试和宝宝进行交流,来检测宝宝的语言能力(排除口吃、咬舌等语言障碍),如果宝宝有较严重的语言障碍,医生会为其安排相应的治疗。

另外,医生还会向父母询问,宝宝平时是否出现过行为问题,例如,是否有焦虑不安、入睡困难等症状。

U9——出生后的 57 个月至 60 个月

这是宝宝入学体检前的最后一次 U 检。医生会对宝宝的整个器官系统进行检查:扫描并听诊内脏、检查生殖器官……另外,宝宝的坐姿、协调能力、精细动作能力也要接受检查。

医生会用仪器对宝宝进行第二次听力测试,同时还会用特殊仪器来检测宝宝的立体视觉。到了这个年龄阶段,医生就可以对宝宝的语言能力和社会能力做出更准确的判断了,因为,宝宝现在已经懂得配合医生了。

最后,还要对宝宝进行一次尿检,用以排除肾脏疾病和小儿糖尿病等隐患。

十一、0-6岁宝宝的成长概况

身体发育

头3个月：

· 发育速度极快（宝宝6个月大时，体重会比出生时翻一倍）

· 呼吸频率约为40次/分钟

· 心率约为100~140次/分钟

· 睡眠较多

· 很爱观察自己的小手儿

4个月至6个月：

· 开始尝试锻炼自己的肌肉（喜欢双手做"游泳动作"）

· 可以很好地抬起头，到了第6个月，就可以任意摆弄自己的小脑袋了

· 被妈妈扶着时，双腿开始尝试站立

· 学会将两只手自主地拿到胸前

· 俯卧时，开始学会用双手撑地

· 开始懂得抓握（宝宝会在第6个月时学会真正的抓握）

· 可以将玩具从一只手递到另一只手7个月至9个月：

· 开始喜欢玩脚（第7个月）

· 学会自己翻身（第7个月）

· 尝试自己用手去抓玩具（第7个月）

· 可以短时间维持坐姿（第8个月）

· 学会用指尖捏东西（第8个月）学会借助臂肘爬行（第9个月）

· 尝试扶着家具慢慢站起来（第9个月）

10个月至12个月：

· 开始学会爬行（第10个月）

· 俯卧时,开始尝试将身子向上挺(第 10 个月)

· 能够自己坐起来(第 10 个月)

· 扶着家具,可以从"四足鼎立"的状态站立起来(第 10 个月)

· 小手儿可以像小镊子一样去捏碎屑(第 10 个月)

· 被妈妈扶着时,可以短时间维持站姿(第 10 个月)

· 开始喜欢把两个玩具互相撞击,或者用力把玩具抛出去(第 10 个月)

· 可以熟练爬行(第 11 个月)

· 可以维持很长时间的坐姿(第 11 个月)

· 扶着家具,已经可以前行几步(第 11 个月)

· 小手儿可以像小钳子一样去捏一些细小的东西(第 11 个月)

· 集中全力练习走路(第 12 个月)1 周岁至 2 周岁:

· 长高约 10 厘米完全学会走路(最晚到第 18 个月)

· 学会登楼梯(起初,要紧握扶手,到了快 2 周岁时,便可以徒手登楼梯了)

· 喜欢爬椅子和沙发

· 学会用勺子吃饭

· 学会串珠子

2 周岁至 3 周岁:

· 学会用刀叉吃饭开始讲究卫生

· 手臂和腿变得细长

· 可以单腿站立

· 可以从椅子上跳下来

· 学会系扣子

· 可以把球投到 1.5 米远处的纸篓里

3 周岁至 4 周岁:

· 整日锻炼自己已掌握的技能

· 身高增长约 7 厘米(相对平均身高上下浮动 8 厘米属正常现象)

· 告别婴儿肥

· 呼吸与脉搏变慢

智力发育与社会能力

头 3 个月:

· 神经系统尚未发育成熟

· 能够认出妈妈

· 学会微笑

4 个月至 6 个月:

· 学会大声笑

· 哭声开始出现细微差别(需求差别越大,哭声越不同)

· 喜欢在长椅子上来回攀爬

· 可以从 30 厘米高的地方跳下来

· 学会骑自行车(需带辅助支架)

4 周岁至 5 周岁:

· 身高增长约 6 厘米(相比平均身高上下浮动 6 厘米属正常现象)

· 喜欢骑自行车或者开玩具汽车

· 学会溜冰、滑雪

· 学会钉钉子、系简单的项链

· 平衡能力显著提高

5 周岁至 6 周岁:

· 纵向发育比横向发育更快,宝宝因此变得更加苗条(平均身高约为 115 厘米,上下浮动 9 厘米属正常现象)

· 脸部轮廓更加清晰

·快 6 周岁时开始换牙

·学会骑自行车(不带辅助支架)

·可以娴熟地使用剪刀、拧螺丝

·学会辨别友好/严肃的语气

·开始注意观察运动的人或物

·抓到任何东西都想放到嘴里尝一尝

·学会区分熟人与生人

7 个月至 9 个月:

开始跟妈妈玩"捉迷藏"

·开始对玩具上的小零件感兴趣,可以全神贯注地观察良久

·开始想要扩大自己的活动范围

·开始注意自己发出的声音

·喜欢照镜子

·开始怕生

·开始故意让手中的玩具掉下去

·喜欢听身边的一切声音(例如:钟表的嘀嗒声)

·喜欢把手伸到容器中去(并由此培养了自己的空间感)

·开始理解,什么是"前"和"后"

·喜欢玩捉迷藏

·能够清晰地发出双音节的音

10 个月至 12 个月:

·喜欢模仿大人的动作

·学会做一些"招手"或者"请求"的动作

·开始对妈妈的问题有所反应(例如:"我们家的灯在哪里呀?")

·可以找到被藏起来的东西(如果宝宝事先看到了妈妈把它"藏"到了哪里)

- 学会自己藏东西
- 可以用绳子把玩具拉到自己身边来
- 可以自己用手抓小饼干吃
- 学会自己用杯子喝水
- 开始理解"不"的含义
- 可以自己将一个东西放到容器里或者妈妈手里

1 周岁至 2 周岁：

- 能够明确区分：内—外、上—下、前—后……
- 可以根据大小、形状或颜色来将玩具归类
- 可以全神贯注地玩一个玩具，长达 20 分钟
- 喜欢将手指插进小洞里
- 空间感增强
- 懂得利用椅子来爬上桌子
- 既胆大又胆小
- 很容易发脾气
- 开始意识到，自己是一个独立于周围人的个体
- 夜间频繁醒来，此时需要爸爸妈妈温柔地安慰
- 需要家长开始制定与宝宝之间的界限

2 周岁至 3 周岁：

- 开始喜欢和同龄小伙伴一起玩耍
- 可以通过多个特征来记住一个物体
- 可以记住简单的诗歌或儿歌
- 学会简单叙述自己的经历
- 学会自己建立事物之间的联系
- 开始疯狂发问
- 第二年末，开始学会用"我"来表达自己，并开始意识到，自己是一个独立的个体
- 能够明确知晓自己的意愿，并设法实现这个意愿

- 开始变得叛逆(叛逆期)
- 喜欢帮助妈妈做家务

3 周岁至 4 周岁：

- 开始对家中其他成员感兴趣
- 学会等待
- 更喜欢和其他小伙伴一起玩
- 学会估测距离(较近的距离)
- 初步形成时间观念,开始理解昨天、今天、明天
- 开始向爸爸妈妈提出较复杂的问题
- 喜欢唱歌
- 喜欢阅读绘本等图画书
- 开始懂得承担一些责任
- 允许将自己的需求往后延迟一段时间
- 已经能够分清对与错
- 开始建立友谊
- 开始展现同情心
- 能够很好地融入群体

4 周岁至 5 周岁：

- 更喜欢玩有规则的小游戏
- 记忆力显著提升
- 能够迅速背下诗歌、儿歌
- 几乎能够逐字逐句地复述故事
- 喜欢插话
- 喜欢模仿大人的一切言行
- 所问问题有时成年人也无法轻易作答
- 开始懂得一些归属概念,例如:交通工具、手工工具等
- 与和父母在一起相比,更喜欢和小伙伴们一起玩耍
- 喜欢邀请小伙伴们到家里来玩

· 开始产生对群体的归属感

5 周岁至 6 周岁：

· 开始具有责任感

· 自我约束力增强

· 想要并且能够独立完成一些事情

· 开始对事物之间千丝万缕的联系产生极大兴趣

· 能够长时间地在一件事情上集中注意力

· 时间观念加强，开始懂得天、周、月、年的含义

· 清楚年轻与年老之间的区别

感知觉发展

1 周岁以内：

当宝宝还在妈妈子宫里时，他的各种感官就已经开始发育了，宝宝出生时，触觉发育得最为成熟。同时，味觉与嗅觉也已经高度敏感了。至于听觉和视觉以及各感官之间的配合，则要随着宝宝后期的成长而逐渐发育成熟。

1 周岁至 2 周岁：

到了这一阶段，各个感官之间的相互配合会更加默契，宝宝已经能够区分不同的声响，并用眼睛识别出细小的东西了。但此时，宝宝的触觉仍起主导作用。

2 周岁至 3 周岁：

· 视力增强

· 视觉开始取代触觉，位于主导地位

3 周岁至 4 周岁：

· 立体视觉增强

4 周岁至 5 周岁：

语言能力

头 6 个月：

· 开始学会嘟哝、欢呼，有时还会发出扑哧扑哧的笑声

7 个月至 12 个月：

·改变音区

·开始学会轻声耳语（第 8 个月）

·能够发出双音节的音（第 9 个月）

·喜欢重复大人们说过的话（第 10 个月）

·开始尝试用语言去表达自己想要的东西（第 11 个月）

·吐字越来越清晰，更加喜欢用语言去称呼（例如：用"嘎嘎"来称呼鸭子）（第 12 个月）

1 周岁至 2 周岁：

·能够说出包含 2~3 个词的简单句子

·感官发育与智力发育之间的配合度越来越高

2 周岁至 3 周岁：

·语言能力越来越出色

·喜欢和周围人"聊天"

·开始尝试说更复杂的句子

3 周岁至 4 周岁：

·开始完全用语言来表达自己的需求

·开始模仿周围的成年人说脏话

·能够说出包含 7~8 个词的句子

4 周岁至 5 周岁：

·开始学着说一些复杂的固定词组

5 周岁至 6 周岁：

·已经掌握了大量词汇

·被动词汇量要远远大于主动词汇量

·能够说出语法正确的复杂句子

十二、预防性体检一览表

请务必带着你的宝宝到医院进行这九次预防性体检，因为，通过体检可以及时发现孩子在成长过程中可能出现的问题,做到早发现、早治疗。

U1　刚刚出生后

U2　出生后的 3 天 ~ 10 天

U3　出生后的 4 周 ~ 6 周

U4　出生后的 3 个月 ~ 4 个月

U5　出生后的 6 个月 ~ 7 个月

U6　出生后的 10 个月 ~ 12 个月

U7　出生后的 21 个月 ~ 24 个月

U8　出生后的 42 个月 ~ 48 个月

U9　出生后的 57 个月 ~ 60 个月

疫苗接种

2 个月	第一剂:百白破疫苗(百日咳、白喉、破伤风混合疫苗) 流感嗜血杆菌疫苗(HIB)　脊髓灰质炎疫苗(糖丸) 乙肝疫苗　肺炎球菌疫苗
3 个月	第二剂:百白破疫苗(百日咳、白喉、破伤风混合疫苗) 流感嗜血杆菌疫苗(HIB)　脊髓灰质炎疫苗(糖丸) 乙肝疫苗　肺炎球菌疫苗
4 个月	第三剂:百白破疫苗(百日咳、白喉、破伤风混合疫苗) 流感嗜血杆菌疫苗(HIB)　脊髓灰质炎疫苗(糖丸) 乙肝疫苗　肺炎球菌疫苗
11 个月 ~ 14 个月	第四剂:百白破疫苗(百日咳、白喉、破伤风混合疫苗) 流感嗜血杆菌疫苗(HIB)　脊髓灰质炎疫苗(糖丸) 乙肝疫苗　肺炎球菌疫苗 第一剂:腮腺炎疫苗、水痘疫苗、脑膜炎双球菌疫苗
15 个月 ~ 23 个月	第二剂:腮腺炎疫苗、水痘疫苗、脑膜炎双球菌疫苗

　　编者注:以上介绍的从七(227 页下行 3 行)至十二(248 页)的内容是德国国家婴幼儿营养膳食、健康发育、卫生保健等情况资料,仅为宝爸宝妈提供参改信息。

摘自：〔德〕保·卡尔著. 婴幼儿教育全书［M］. 刘在为；译.
上海：教育科技出版社，1999.

十三、婴儿爬行道

于附录的下文中你将可找到下列装置的详细说明：

爬行道是以3/4寸平板所构成，上覆一寸厚的
泡棉并再加覆一层光滑无纹的聚醛皮面。

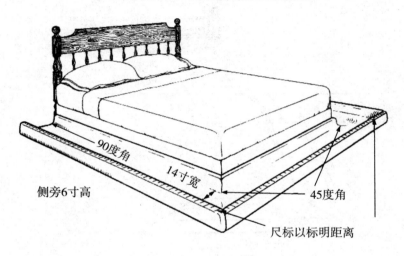

90度角

14寸宽

侧旁6寸高

45度角

尺标以标明距离

三段爬行道是可完全分离的。

你可为宝宝自制的装置

图示中三段的每一段都是可完全分离的

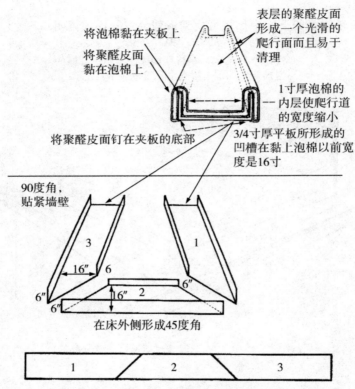

将泡棉黏在夹板上

将聚醛皮面黏在泡棉上

表层的聚醛皮面形成一个光滑的爬行面而且易于清理

1寸厚泡棉的内层使爬行道的宽度缩小

将聚醛皮面钉在夹板的底部

3/4寸厚平板所形成的凹槽在黏上泡棉以前宽度是16寸

90度角，贴紧墙壁

3   1

16″   6   6″

6″   6″   16″   2

在床外侧形成45度角

1   2   3

本图展示首尾相接的三段构成一个长而直的爬行道，这是它们在一起的鸟瞰图。

228

十四、如何为宝宝制作一个颈圈

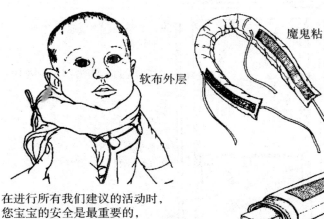

软布外层

魔鬼粘

在进行所有我们建议的活动时，
您宝宝的安全是最重要的，
尤其是宝宝的顶部，因此项圈有其必要性，
尤其在进行阶段三的每个单项的
被动平衡运动时更需佩戴。

一平方寸的长条泡棉

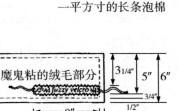

魔鬼粘的勾子部分

魔鬼粘的绒毛部分

3 1/4″   5″   6″
3/4″
1/2″

←———— 31″ ————→   ←— 8″ —→

余半寸的缝合线，
每寸缝12针。
长边要缝两次。
底洞采之字形缝合或斜纹缝合。

需求：外层纤维布：31寸×寸
　　　1寸宽的魔鬼粘：16寸长
　　　4条8寸条斜纹固定绳
　　　四指后有1/4寸宽=总长32寸

固定绳：打结前8寸长。

十五、横过门框木架杆

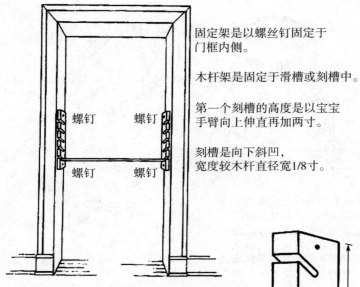

固定架是以螺丝钉固定于
门框内侧。

木杆架是固定于滑槽或刻槽中。

第一个刻槽的高度是以宝宝
手臂向上伸直再加两寸。

刻槽是向下斜凹，
宽度较木杆直径宽1/8寸。

横过门框的杆子可使用很久，你将一直用
它直到宝宝可独自攀缘前进，即便如此，
宝宝在往后仍会喜欢玩它的。

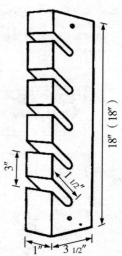

十六、体操秋千

体操秋千

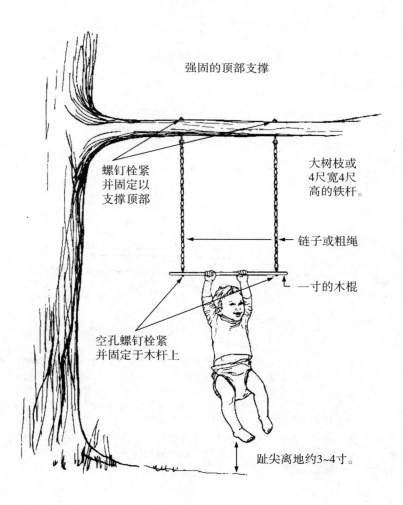

强固的顶部支撑

螺钉栓紧
并固定以
支撑顶部

大树枝或
4尺宽4尺
高的铁杆。

链子或粗绳

一寸的木棍

空孔螺钉栓紧
并固定于木杆上

趾尖离地约3~4寸。

十七、如何制作平衡木

第一步

8尺长
4寸宽
2寸高

一开始时用一块4寸宽，2寸高，8尺长的木块。

第二步

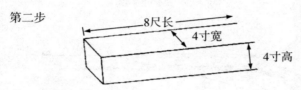

8尺长
4寸宽
4寸高

当宝宝能稳定的走完平衡木而不会跌倒时，
可以换用一块4寸高，4寸宽，8寸长的平衡木。

第三步

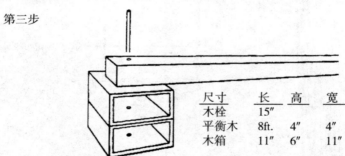

尺寸	长	高	宽
木栓	15″		
平衡木	8ft.	4″	4″
木箱	11″	6″	11″

一旦宝宝能稳定的走完平衡木（第二步中的）而不会跌倒，他就可升级到一个较高的平衡木，如图所示，先制作一个6寸高11时见方的木箱，再将平衡木置于其上，当宝宝在这个高度上走得愈来愈好时再加一层木箱以提高高度，但最多只能有两个木箱的高度。

注意：桦木与枫木制的平衡木是最理想的。通常表面可以包覆一层聚醛皮面，一方面可保护宝宝不被刺到，一方面这个表面，有足够的摩擦力。

十八、建造一个攀缘前进横梯

要制作一个攀缘前进横梯,首先是做它的主要部位,再将其组合成一个坚固的横梯,以便宝宝与大人都能使用。

横轴部分建议使用橡木,因为它的强度较高,其他部分则建议用枞木,因为它没有节瘤。

先制作两个直立支撑座的部分

第三则制作横梯

最后将它们各部组合成一个攀缘横梯

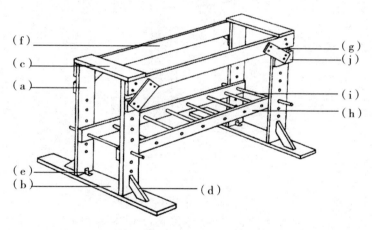

直立座组合部分(共需两组)

材料:4 片,2 寸厚,6 寸宽,7 尺半长的侧板(a)

　　　2 片,2 寸厚,6 寸宽,5 尺半长的底板(b)

　　　2 片,2 寸厚,6 寸宽,21 尺长的顶板(c)

　　　4 片,2 寸厚,4 寸宽,29 尺长的斜板(d)

　　　8 个,1/4 寸 ×3 寸的六角螺丝及螺帽。

　　　8 个,1 寸宽,4 寸侧长的多孔角钢(e)。

32 个,12 号 1/2 寸角钢用螺丝钉。

组合的注意要点

在侧板(a)的部分钻口径 3/4 的定距孔,第一孔距地面 28 寸,之后每两寸钻一孔共 29 孔

将侧板(A)钉在底板(b)上,侧板间距离(内缘)是 18 寸

将顶板(c)钉在侧板上

将斜撑(d)切出适当角度后,置于适当位置并钉于底板及侧板上

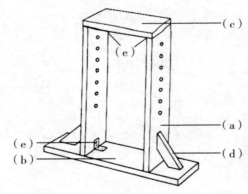

横梯组(第一组)

材料:2 个 2 寸厚 4 寸宽 10 尺长的侧板(h)

19 支,1 寸直径的硬木横轴,长 18 寸(i)

38 个光滑的钉子

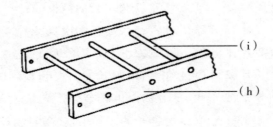

组合步骤

钻 3/4 寸定距孔,离侧板底端 3 寸远,钻一寸内径定距孔（与横轴直径相同,距底端 6 寸远,再依小孩体型每隔 3 ~ 12 寸连续孔）

将横轴置入孔中,并钉上钉子,若需要亦可上胶。

最后组合

材料:两组直立支撑座组

　　　两组水平顶轨组

　　　一组横梯

　　　8 个,6 寸长 1/4 寸圆头螺钉

　　　8 个,8 寸长 1/4 寸圆头螺钉

　　　16 个,1/4 寸螺帽

　　　16 个,1/4 寸垫片

　　　2 个,2 寸厚 6 寸宽 6 寸长的木板(i)

　　　2 个,3/4 寸口径 30 寸长的木栓(k)

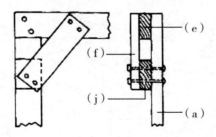

注意:横轴的直径与间距是看小孩的身材决定的。一般建议：

6 ~ 8 个月	18 ~ 36 个月	36 个月以上
1/2 寸直径横轴	3/4 寸直径横轴	1 寸直径横轴
4 寸的间距	6 寸的间距	12 寸的间距

最后的组合：

将两组直立支撑座分开 10 尺远

安置水平顶轨并标记相对应的钻孔位置

在侧旁钻 1/4 寸定距孔

以 4 寸的螺钉，螺帽及垫片固定顶轨于直立座上

将 2 寸厚,6 寸见方的垫板置于定位

钻 1/4 寸定距孔,螺帽及垫片将斜撑固定于直立座上,螺钉头要朝向横梯内侧

将所有组件栓紧

在安置顶轨及斜撑时,如果直立座的任一组孔被遮住了,请再将孔打穿,以便安放木栓

将横梯安放于适当高度并于两端以木栓固定其位置

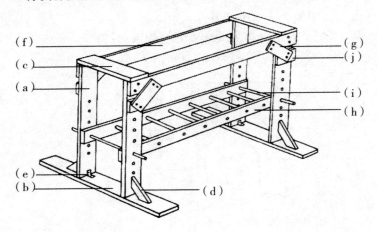

孩童年龄不同时尺寸规格的调整

	6－18个月大时	18－38个月大时	超过36个月大
木栓尺寸	1/2 寸	3/4 寸	1 寸
横梯宽度	18 寸	18 寸	18 寸
横梯长度	10 尺	10－15 尺	15－18 尺
横轴的间距	4 寸	6 寸	12 寸
横梯高度	宝宝步行高度或母亲的高度	母亲的高度	手向上伸直距指尖再高 4 寸

　　附录中从十三至十八体能训练器材设计均来源德国人类大脑潜能研究促进会,早期教育体能训练协会(1998)

参考书目

[1][美]早期教育协会.0－9岁最优教育[M].刘丽,译.北京:北京师范大学出版社,1990.

[2][意]蒙特梭利.蒙特梭利早教全书[M].北京:中国妇女出版社,2011.

[3][英]弗里奇,希齐格.大脑的功能[M].刘兴华,译.北京:中国教育科技出版社,1998.

[4][日]七田真.0－6岁右脑教育法[M].思可教育,译.北京:化学工业出版社,2016.

[5][日]多湖辉.启动孩子一生学习计划[M].苏文瑜,译.开封:河南大学出版社,2001.

[6]乐妈咪孕育团队.宝宝脑力开发指南[M].兰州:甘肃科学技术出版社,2017.

[7]吴承良.少儿家庭素质教育[M].北京:金盾出版社,2001.

[8][德]人类大脑潜能研究促进会.0－6岁大脑潜能智慧[M].冯萍,译.上海:东方国际教育出版社,2001.